Civil Code Consultant

# 民法法務士
## 認定試験

公式精選問題集

# 試験概要

【開催時期】

○3月と9月　年2回

【問題数および制限時間】

○問題数：70問

○制限時間：2時間30分

【受験料】

16,500円（税込）

【解答方式／合格点】

○マークシートによる解答とします。

○正答率70%以上で合格とします。

ただし、問題の難易度により調整する場合があります。

【申込方法】

インターネットでお申込みの場合は下記アドレスよりお申し込みください。
http://www.joho-gakushu.or.jp/web-entry/siken/

郵送でお申込の場合は、下記までお問合せ下さい。

---

## お問合せ先

一般財団法人　全日本情報学習振興協会

〒101-0061　東京都千代田区神田三崎町 3-7-12　　清話会ビル 5F

TEL：03-5276-0030　FAX：03-5276-0551

http://www.joho-gakushu.or.jp/

# 章　立

問題１.　民法の基本原理に関する以下のアからエまでの記述のうち、最も<u>適切ではない</u>ものを１つ選びなさい。

ア.「すべて国民は、個人として尊重される」と規定する日本国憲法13条を受けて、民法２条は「この法律は、個人の尊厳と両性の本質的平等を旨として、解釈しなければならない」と規定して、身分、年齢、性別を問わず、すべての私人は、個人として平等な権利主体として扱われることを前提としている。

イ.「財産権は、これを侵してはならない」と規定する日本国憲法29条１項を受けて、民法206条は「所有者は、法令の制限内において、自由にその所有物の使用、収益及び処分をする権利を有する」と規定して、私人の財産に対する所有権は、何人からも何らの拘束も受けず、国家権力からも侵害されないという所有権絶対の原則を前提としている。

ウ.　他人に損害を与えた場合に、過失がなければ責任を負わないとする過失責任の原則は、「故意又は過失によって他人の権利又は法律上保護される利益を侵害した者は、これによって生じた損害を賠償する責任を負う」と規定される不法行為による損害賠償だけではなく、債務不履行による損害賠償にも現れている。

エ.　私人間の法律関係をどのように形成するかを各人の自由な決定に委ねることを私的自治の原則というが、この原則は、契約関係においてのみ認められており、契約当事者間の事実上の力関係の差から弱者を保護するために、借地借家法や消費者契約法等の特別法によって修正を受けている。

解説　　民法の基本原理

ア　適　切。近代以前は、すべての私人が権利義務の主体となることが認められているわけではなかったが、民法は、すべての私人は個人として尊重され、平等な扱いを受けることを前提としている（民法2条）。

イ　適　切。本記述の通りである。もっとも、所有権絶対の原則を徹底すると、公共の利益に反する結果となる場合が生じるので、この原則も修正を受けている（憲法29条2項・3項、民法1条1項）。

ウ　適　切。過失責任の原則は、債務不履行による損害賠償についても「債務者の責めに帰することができない事由によるものであるとき」には損害賠償責任を負わないという点に現れている（**415条1項但書**）。

エ　不適切。私的自治の原則は、契約関係のみではなく、遺言（960条以下）等の単独行為や一般社団法人の設立行為等の合同行為についても認められている。

正解　エ

問題2. 権利能力に関する以下のアからエまでの記述のうち、最も<u>適切ではないもの</u>を1つ選びなさい（争いがある場合は、判例による）。

ア. 胎児も、不法行為による損害賠償請求権を行使することができる。

イ. 私権の享有は、出生に始まるが、ここでいう出生とは母体から胎児が全部露出した時点をいう。

ウ. 胎児は相続人になることができるが、遺贈を受けることはできない。

エ. 胎児の損害賠償請求権に関して、親族が胎児のために行った和解は、胎児に帰属しない。

解説　権利能力

ア　適　切。胎児は、不法行為による損害賠償請求権については、既に生まれたものとみなされる（721条）。

イ　適　切。私権の享有は、出生に始まるが（1条）、ここでいう出生とは母体から胎児が全部露出した時点をいうとされる。

ウ　不適切。胎児は、相続については、既に生まれたものとみなされるので（886条1項）、相続人となることができ、遺贈を受けることもできる（965条）。

エ　適　切。胎児の損害賠償請求権に関して、親族が胎児のために行った和解は、胎児に帰属しない（大判昭7.10.6）。

正解　ウ

問題３．　未成年者の法律行為に関する以下のアからオまでの記述のうち、最も<u>適切な</u>ものを１つ選びなさい。

ア．未成年者が負担付贈与を受けた場合でも、法定代理人の同意を得る必要はない。

イ．ここでいう未成年者とは、20 歳未満をいう。

ウ．法定代理人は、未成年者の行為に対して、同意する権利を有するが、同意を得ずに行った未成年者の行為を取り消すことはできない。

エ．法定代理人が目的を定めて処分を許した財産は、その目的の範囲内において、未成年者が自由に処分することができる。

オ．未成年者が成年者であることを信じさせるため詐術を用いたときでも、その行為を取り消すことができる。

解説　　未成年者

ア　不適切。未成年者が、単に権利を得、又は義務を免れる法律行為については、法定代理人の同意を要しない（5条1項但書）。負担付贈与を受けた場合は、単に権利を得たとはいえず、法定代理人の同意を得る必要がある。

イ　不適切。未成年者とは、18歳未満をいう（4条参照）。

ウ　不適切。法定代理人は、未成年者の行為に対して、同意する権利を有し（5条1項）、法定代理人は、同意を得ずに行った未成年者の行為を取り消すことができる（同条2項）。

エ　適　切。法定代理人が目的を定めて処分を許した財産は、その目的の範囲内において、未成年者が自由に処分することができる（5条3項前段）。

オ　不適切。制限行為能力者が行為能力者であることを信じさせるため詐術を用いたときは、その行為を取り消すことができない（21条）。したがって、未成年者が未成年者であることを信じさせるため詐術を用いたときでも、その行為を取り消すことはできない。

正解　エ

問題４．制限行為能力者制度に関する以下のアからオまでの記述のうち、最も<u>適切ではない</u>ものを１つ選びなさい。

　ア．成年被後見人とは、精神上の障害により事理を弁識する能力を欠く常況にある者をいい、家庭裁判所から後見開始の審判を受けた者をいう。

　イ．被保佐人とは、精神上の障害により事理を弁識する能力が不十分である者をいい、家庭裁判所から保佐開始の審判を受けた者をいう。

　ウ．家庭裁判所は、成年後見人を複数選任することができる。

　エ．家庭裁判所は、特定の法律行為について保佐人に代理権を付与することができる。

　オ．家庭裁判所は、補助人に対して同意権と代理権の双方を与えることができる。

解説　　制限行為能力者制度

ア　適　切。成年被後見人とは、精神上の障害により事理を弁識する能力を
　　　　　　欠く常況にある者をいい、家庭裁判所から後見開始の審判を受
　　　　　　けた者をいう（7条）。

イ　不適切。被保佐人とは、精神上の障害により事理を弁識する能力が著し
　　　　　　く不十分である者をいい、家庭裁判所から保佐開始の審判を受
　　　　　　けた者をいう（11条1項）。

ウ　適　切。家庭裁判所は、成年後見人を複数選任することができる（843
　　　　　　条3項参照）。

エ　適　切。家庭裁判所は、特定の法律行為について保佐人に代理権を付与
　　　　　　することができる（876条の4第1項）。

オ　適　切。家庭裁判所は、補助人に対して同意権と代理権の双方を与える
　　　　　　ことができる（15条3項）。

正解　イ

問題5．補助に関する以下のアからオまでの記述のうち、最も<u>適切ではない</u>
ものを1つ選びなさい。

ア．精神上の障害により事理を弁識する能力が不十分である者につい
て、本人は補助開始の審判の請求をすることができない。

イ．本人以外の者の請求により補助開始の審判をするには、本人の同意
がなければならない。

ウ．家庭裁判所は、一定の者の請求により、被補助人が特定の法律行為
をするにはその補助人の同意を得なければならない旨の審判をす
ることができる。

エ．後見開始の審判をする場合において、本人が被補助人であるとき
は、家庭裁判所は、その本人に係る補助開始の審判を取り消さなけ
ればならない。

オ．被補助人自らが行為能力者であることを信じさせるため詐術を用
いたときは、その行為を取り消すことができない。

解説　補助

ア　不適切。精神上の障害により事理を弁識する能力が不十分である者について、本人は補助開始の審判の請求をすることができる（15条1項）。

イ　適　切。本人以外の者の請求により補助開始の審判をするには、本人の同意がなければならない（15条2項）。

ウ　適　切。家庭裁判所は、一定の者の請求により、被補助人が特定の法律行為をするにはその補助人の同意を得なければならない旨の審判をすることができる（17条1項）。

エ　適　切。後見開始の審判をする場合において、本人が被補助人であるときは、家庭裁判所は、その本人に係る補助開始の審判を取り消さなければならない（19条1項）。

オ　適　切。制限行為能力者が行為能力者であることを信じさせるため詐術を用いたときは、その行為を取り消すことができない（21条）。

正解　ア

問題６．　失踪宣告に関する以下のアからエまでの記述のうち、最も<u>適切な</u>ものを１つ選びなさい。

　　ア．　家庭裁判所は、利害関係人の請求により、失踪の宣告をすることができるが、ここにいう利害関係人には、失踪宣告の結果を他の訴訟事件の証拠に供しようとする者も含まれる。

　　イ．　沈没した船舶の中に在った者の生死が、船舶が沈没した後１年間明らかでないときは、家庭裁判所は、利害関係人の請求により、失踪の宣告をすることができ、この失踪の宣告を受けた者は、１年間の期間が満了した時に死亡したものとみなされる。

　　ウ．　失踪宣告を受け死亡したものとみなされた者が生存していることが判明したときは、当該失踪宣告は効力を失う。

　　エ．　失踪宣告を受け死亡したものとみなされた者が別の場所で生存しており、その場所で契約を締結した場合、当該契約は有効である。

解説　　失踪宣告

ア　不適切。不在者の生死が7年間明らかでないときは、家庭裁判所は、利害
　　　　　関係人の請求により、失踪の宣告をすることができるところ
　　　　　（30条1項）、ここにいう利害関係人とは、失踪者の生死につい
　　　　　て法律上の利害関係を有する者を指し、失踪宣告の結果を他の
　　　　　訴訟事件の証拠に供しようとする者は含まれない（大決昭
　　　　　7.7.26）。

イ　不適切。沈没した船舶の中に在った者等死亡の原因となるべき危難に遭
　　　　　遇した者の生死が、船舶が沈んだ後等危難が去った後1年間明
　　　　　らかでないときは、家庭裁判所は、利害関係人の請求により、
　　　　　失踪の宣告をすることができ（30条2項）、この失踪の宣告を受
　　　　　けた者は、その危難が去った時に死亡したものとみなされる
　　　　　（31条）。

ウ　不適切。失踪宣告を受け死亡したものとみなされた者が生存しているこ
　　　　　とが判明したときであっても、当該失踪宣告は当然に効力を失
　　　　　うわけではない。失踪宣告による死亡の効果を否定するために
　　　　　は、本人又は利害関係人の請求により家庭裁判所が失踪の宣告
　　　　　を取り消す必要がある（32条1項本文）。

エ　適　切。失踪宣告制度は、不在者の生死不明が長期間継続する場合に、
　　　　　従来の住所又は居所における不都合を解消するために不在者の
　　　　　死亡を擬制する制度であり、不在者の権利能力すべてを消滅さ
　　　　　せるものではない。そこで、失踪宣告を受け死亡したものとみ
　　　　　なされた者が別の場所で生存しており、その場所で契約を締結
　　　　　した場合、当該契約は有効である。

正解　エ

問題７．法人に関する以下のアからエまでの記述のうち、最も<u>適切ではない</u>ものを１つ選びなさい。

ア．社団法人とは、一定の目的をもとに集まった人の集団であるのに対し、財団法人とは、一定の目的をもとに集めた財産の集合体を基礎とする。

イ．営利法人とは、営利事業を営むことを目的とする法人をいう。

ウ．外国法人は、国、国の行政区画及び外国会社を除き、その成立を認許しない。

エ．法人が成立しても、登記をしなければならないわけではない。

解説　　法人

ア　適　切。社団法人とは、一定の目的をもとに集まった人の集団であるのに対し、財団法人とは、一定の目的をもとに集めた財産の集合体を基礎とする。

イ　適　切。営利法人とは、営利事業を営むことを目的とする法人をいう。

ウ　適　切。外国法人は、国、国の行政区画及び外国会社を除き、その成立を認許しない（35条１項）。

エ　不適切。法人は、登記をしなければならない（36条）。

正解　エ

問題8. 虚偽表示に関する以下のアからオまでの記述のうち、最も<u>適切ではないもの</u>を1つ選びなさい。

ア．虚偽表示の無効は、善意の第三者に対抗することができないが、善意については過失は問われない。

イ．虚偽表示の無効は、善意の第三者に対抗することができないが、虚偽表示の相手方から相続した者は、第三者にあたらない。

ウ．虚偽表示の無効は、第三者が取引する際に善意であれば、当該第三者に対抗することができないが、その後、当該第三者が悪意となれば当該第三者に対しては対抗することができる。

エ．虚偽表示の無効は、善意の第三者に対抗することができないが、相手方の一般債権者は、第三者にあたらない。

オ．虚偽表示の無効は、悪意の第三者には対抗することができるが、悪意の第三者からの転得者が善意であれば、転得者には対抗することができない。

解説　　|虚偽表示|

ア　適　切。虚偽表示の無効は、善意の第三者に対抗することができない
　　　　　　が、善意については過失は問われない（94条2項）。

イ　適　切。虚偽表示の無効は、善意の第三者に対抗することができない
　　　　　　が、ここでいう第三者は、当事者又はその一般承継人以外の者
　　　　　　をいうので、虚偽表示の相手方から相続した者は、第三者にあ
　　　　　　たらない。

ウ　不適切。第三者の悪意・善意は第三者が利害関係を有するに至った時期
　　　　　　を基準として判断されるので（最判昭55.9.11）、その後悪意に
　　　　　　なっても第三者に対抗することができない。

エ　適　切。虚偽表示の無効は、善意の第三者に対抗することができない
　　　　　　が、ここでいう第三者は、新たな独立の法律上利害関係を有し
　　　　　　た者をいうので、相手方の一般債権者は、第三者にあたらない。

オ　適　切。虚偽表示の無効は、悪意の第三者に対抗することができるが、
　　　　　　悪意の第三者からの転得者が善意であれば、転得者に対抗する
　　　　　　ことができない（最判昭45.7.24）。

|正解　ウ|

問題９．錯誤に関する以下のアからオまでの記述のうち、最も<u>適切ではない</u>ものを１つ選びなさい。

　ア．動機の錯誤とは、表意者が意図した表示はしているものの、その表示の意味内容を誤解していることをいう。

　イ．表示の錯誤とは、表意者の思い違いによって、意思通りの表示をしていない場合をいい、例えば、1,000 ドルを 1,000 円と書いてしまうことが挙げられる。

　ウ．錯誤が表意者の重大な過失によるものであった場合には、意思表示の取消しをすることができない。

　エ．錯誤による意思表示の取消しは、善意でかつ過失がない第三者に対抗することができない。

　オ．錯誤による意思表示の取消しは、時効によって行使できないことがある。

**解説**　錯誤

ア　不適切。動機の錯誤とは、意思の形成過程で思い違いがあるもので、その表示の意味内容を誤解しているわけではない。本肢は、内容の錯誤についての記述である。

イ　適　切。表示の錯誤とは、表意者の思い違いによって、意思通りの表示をしていない場合をいい、例えば、1,000 ドルを 1,000 円と書いてしまうことが挙げられる。

ウ　適　切。錯誤が表意者の重大な過失によるものであった場合には、意思表示の取消しをすることができない（95 条 3 項）。

エ　適　切。錯誤による意思表示の取消しは、善意でかつ過失がない第三者に対抗することができない（95 条 4 項）。

オ　適　切。取消権は、追認をすることができる時から 5 年間行使しないとき、又は行為の時から 20 年を経過したときは、時効によって消滅する（126 条）。

正解　ア

問題 10. 詐欺、強迫に関する以下のアからオまでの記述のうち、最も<u>適切な</u>ものを1つ選びなさい。

ア．詐欺による取消しは、第三者が善意であれば過失があっても対抗することができる。

イ．強迫による取消しは、第三者が善意無過失であっても対抗することができる。

ウ．相手方に対する意思表示について第三者が詐欺を行った場合、相手方はその事実を知らなかったときは、相手方がその事実を知ることができたときであっても、その意思表示を取り消すことができない。

エ．相手方に対する意思表示について第三者が強迫を行った場合、相手方はその事実を知らなかったときは、その意思表示を取り消すことができない。

オ．詐欺による取消しに対して、第三者が保護されるためには登記を備えなければならない。

解説　　詐欺

ア　不適切。詐欺による取消しは、善意無過失の第三者に対抗することができない（96条3項）。したがって、第三者が善意であっても過失があれば対抗することができない。

イ　適　切。詐欺による取消しとは異なり、強迫による取消しは、第三者が善意無過失であっても対抗することができる（96条3項参照）。

ウ　不適切。相手方に対する意思表示について第三者が詐欺を行った場合においては、相手方がその事実を知り、又は知ることができたときに限り、その意思表示を取り消すことができる（96条2項）。したがって、相手方がその事実を知ることができたときは、その意思表示を取り消すことができる。

エ　不適切。相手方に対する意思表示について第三者が強迫を行った場合、相手方がその事実について知、不知にかかわらず、その意思表示を取り消すことができる（96条2項参照）。

オ　不適切。詐欺による取消しに対して、第三者が保護されるためには登記を備える必要はないとされる（通説）。

正解　イ

問題 11. 意思表示に関する以下のアからエまでの記述のうち、最も<u>適切な</u>ものを 1 つ選びなさい。

ア. 意思表示は、その通知を発した時からその効力を生ずる。

イ. 意思表示は、表意者が通知を発した後に死亡したときは、その効力を失う。

ウ. 法定代理人が未成年者の行為を取り消す場合、取消しはその未成年者に対する意思表示によってすることもできる。

エ. 意思表示は、表意者が相手方を知ることができず、又はその所在を知ることができないときは、公示の方法によってすることができる。

解説　　意思表示

ア　不適切。意思表示は、その通知が相手方に到達した時からその効力を生ずる（97 条 1 項）。

イ　不適切。意思表示は、表意者が通知を発した後に死亡したときであっても、そのためにその効力を妨げられない（97 条 3 項）。

ウ　不適切。法定代理人が未成年者の行為を取り消す場合、取消しは相手方に対する意思表示によってする（123 条）。

エ　適　切。意思表示は、表意者が相手方を知ることができず、又はその所在を知ることができないときは、公示の方法によってすることができる（98 条 1 項）。

正解　エ

問題 12. 代理に関する以下のアからオまでの記述のうち、最も<u>適切な</u>ものを
１つ選びなさい。

ア．婚姻等のいわゆる身分行為についても代理人による代理行為をす
　　ることができる。

イ．代理人が本人のためにすることを示さないでした意思表示は、自己
　　のためにしたものとみなされる。

ウ．農地を宅地にする場合、改良行為として、代理人は特にこれについ
　　て代理権が与えられていなくても、することができる。

エ．代理人と本人との利益が相反する行為については、効力を有しな
　　い。

オ．復代理人は、代理人の代理人とされる。

解説　　代理

ア　不適切。婚姻等のいわゆる身分行為については、行為の性質上、代理人による代理行為をすることはできない。

イ　適　切。代理人が本人のためにすることを示さないでした意思表示は、自己のためにしたものとみなされる（100条）。

ウ　不適切。権限の定めのない代理人は、改良行為をすることができるが（103条2号）、農地を宅地にする場合は改良行為に含まれない。

エ　不適切。代理人と本人との利益が相反する行為については、代理権を有しない者がした行為とみなされるのであって（108条2項）、効力を有しないわけではない。

オ　不適切。復代理人は、その権限内の行為について、本人を代表するので（106条1項）、本人の代理人であり、代理人の代理人ではない。

正解　イ

問題 13. 代理と使者に関する以下のアからエまでの記述のうち、最も<u>適切ではないもの</u>を１つ選びなさい。

ア．代理の場合、意思表示を行うのは、代理人であるのに対し、使者の場合、意思表示を行うのは、本人である。

イ．代理人には意思能力が必要であるが、使者には意思能力が不要である。

ウ．代理人には行為能力が必要であるが、使者には行為能力が不要である。

エ．代理の場合、善意悪意の判断は代理人を基準にして判断されるのに対し、使者の場合、本人を基準にして判断される。

解説　　代理と使者

ア　適　切。代理の場合、意思表示を行うのは、代理人であるのに対し、使者の場合、意思表示を行うのは、本人である。

イ　適　切。代理人には意思能力が必要であるが、使者には意思能力が不要である。

ウ　不適切。代理人や使者には行為能力が要求されない（102 条参照）。

エ　適　切。代理の場合、善意悪意の判断は代理人を基準にして判断されるのに対し（101 条 1 項）、使者の場合、本人を基準にして判断される。

正解　ウ

問題 14. 無効及び取消しに関する以下のアからエまでの記述のうち、最も
適切ではないものを1つ選びなさい。

ア．無効な行為は、追認によっても、その効力を生じないが、当事者
がその行為の無効であることを知って追認をしたときは、初めか
ら有効であったものとみなされる。

イ．未成年者が親権者の同意なく行った行為について、親権者だけで
なく未成年者本人も取り消すことができる。

ウ．債務の履行として給付を受けた者は、その当時未成年者であった
ため、取消しをした場合、その行為によって現に利益を受けている
限度において、返還の義務を負う。

エ．取消権は、追認をすることができる時から5年間行使しないとき
は、時効によって消滅する。

解説　　無効及び取消し

ア　不適切。無効な行為は、追認によっても、その効力を生じないが、当事者がその行為の無効であることを知って追認をしたときは、新たな行為をしたものとみなす（119条）。よって、初めから有効であったものとみなされるわけではない。

イ　適　切。行為能力の制限によって取り消すことができる行為は、制限行為能力者又はその代理人、承継人若しくは同意をすることができる者に限り、取り消すことができる（120条1項）。よって、親権者だけでなく、未成年者本人も取り消すことができる。

ウ　適　切。取消した行為に基づいて給付を受けた者は、相手方を原状に復させる義務を負う（121条の2第1項）が、行為の時に制限行為能力者であった者は、その行為によって現に利益を受けている限度において、返還の義務を負う（同条3項後段）。

エ　適　切。取消権は、追認をすることができる時から5年間行使しないときは、時効によって消滅する（126条）。

正解　ア

問題 15. 民法上の条件に関する以下のアからオまでの記述のうち、最も<u>適切</u><u>ではない</u>ものを1つ選びなさい。

ア. 条件の成否が未定である間における当事者の権利義務は、一般の規定に従い、処分し、相続し、若しくは保存し、又はそのために担保を供することができる。

イ. 条件付法律行為の各当事者は、条件の成否が未定である間は、条件が成就した場合にその法律行為から生ずべき相手方の利益を害することができない。

ウ. 停止条件付法律行為は、原則として、停止条件が成就した時からその効果が生ずるが、当事者で条件が成就した場合の効果をその成就した時以前にさかのぼらせる意思を表示したときは、その意思に従って、条件が成就した時以前に効果が生ずる。

エ. 解除条件付法律行為は、解除条件が成就した時からその効力を失うため、当事者で条件が成就した場合の効果をその成就した時以前にさかのぼらせる意思を表示した場合であっても、その意思に従って、条件が成就した時以前に効果を生じさせることはできない。

オ. 不法な条件を付した法律行為と、不法な行為をしないことを条件とするものは、例外なく無効となる。

## 解説　　民法上の条件

ア　適　切。条件の成否が未定である間における当事者の権利義務は、一般の規定に従い、処分し、相続し、若しくは保存し、又はそのために担保を供することができる(129条)。

イ　適　切。条件付法律行為の各当事者は、条件の成否が未定である間は、条件が成就した場合にその法律行為から生ずべき相手方の利益を害することができない(128条)。

ウ　適　切。停止条件付法律行為は、原則として、停止条件が成就した時からその効果が生ずる(127条1項)が、当事者で条件が成就した場合の効果をその成就した時以前にさかのぼらせる意思を表示したときは、その意思に従って、条件が成就した時以前に効果が生ずる(同条3項)。

エ　不適切。解除条件付法律行為は、解除条件が成就した時からその効力を失う(127条2項)。しかし、当事者で条件が成就した場合の効果をその成就した時以前にさかのぼらせる意思を表示したときは、その意思に従う(同条3項)。

オ　適　切。不法な条件を付した法律行為は無効となり、不法な行為をしないことを条件とするものも同様となる（132条）。本規定に例外はない。

正解　エ

問題 16. 時効に関する以下のアからエまでの記述のうち、最も<u>適切ではない</u>ものを1つ選びなさい。

ア. 時効の効果は、時効期間の経過とともに確定的に生じるものではなく、時効が援用されたときに初めて確定的に生じる。

イ. 保証人は、債務者ではないため、主たる債務の消滅時効を援用することはできない。

ウ. 時効の利益は、あらかじめ放棄することができない。

エ. 取得時効により他人の所有権を取得した場合、時効期間中に得られた果実を返還する必要はない。

解説　時効

ア　適　切。時効の効果は、時効期間の経過とともに確定的に生じるものではなく、時効が援用されたときに初めて確定的に生じる（最判昭 61.3.17）。

イ　不適切。保証人は、時効によって直接利益を受けるものであるので、主たる債務の消滅時効を援用することができる（145 条）。

ウ　適　切。時効の利益は、あらかじめ放棄することができない（146 条）。

エ　適　切。取得時効により他人の所有権を取得した場合、時効の効力は起算日に遡るので（144 条）、時効期間中に得られた果実を返還する必要はない。

正解　イ

問題 17.　債権の消滅時効に関する以下のアからエまでの記述のうち、最も<u>適</u>
　　　　　<u>切</u>なものを１つ選びなさい（争いがある場合は、判例による）。

　ア．時効は、権利の承認があったときは、その時から新たにその進行を
　　　始めるが、権利の承認をするには、相手方の権利についての処分に
　　　つき行為能力の制限を受けていないことを要する。

　イ．債権者による催告があったときは、その債権の消滅時効は、その時
　　　から新たに進行を始める。

　ウ．不動産の仮差押えがされたときは、その被保全債権の消滅時効は、
　　　その終了の時から６か月を経過するまでの間は、時効は完成しない。

　エ．消滅時効の完成後に債務の承認をした債務者は、その承認の時点に
　　　おいて時効完成の事実を知らなかった場合には、承認を撤回して時
　　　効を援用することができる。

解説　消滅時効

ア　不適切。時効は、権利の承認があったときは、その時から新たにその進行を始める（152条1項）が、権利の承認をするには、相手方の権利についての処分につき行為能力の制限を受けていないこと又は権限があることを要しない（同条2項）。

イ　不適切。催告があったときは、その時から6か月を経過するまでの間は、時効は完成しない（150条1項）。

ウ　適　切。不動産の仮差押えがされたときは、その被保全債権の消滅時効は、その終了の時から6か月を経過するまでの間は、時効は完成しない（149条1号）。

エ　不適切。判例は、消滅時効の完成後に債務の承認をした債務者は、その承認の時点において時効完成の事実を知らなかった場合であっても、信義則上、承認を撤回して時効を援用することはできないとしている（最大判昭41.4.20）。

正解　ウ

問題 18. 即時取得に関する以下のアからエまでの記述のうち、最も<u>適切な</u>ものを 1 つ選びなさい（争いがある場合は、判例による）。

　ア．A が他人所有の甲動産を B に占有改定により譲渡した場合、B が A が無権利者であることについて善意無過失であれば、即時取得により所有権を取得することができる。

　イ．A が他人所有の甲動産を B に指図による占有移転により譲渡した場合、B が A が無権利者であることについて善意無過失であれば、即時取得により所有権を取得することができる。

　ウ．A の他人所有の甲動産が A の死亡により B が相続した場合、B は A が無権利者であることについて善意無過失であれば、即時取得により所有権を取得することができる。

　エ．A が道路運送車両法による登録を受けている他人所有の自動車を B に譲渡した場合、B が A が無権利者であることについて善意無過失であれば、即時取得により所有権を取得することができる。

解説　　即時取得

ア　不適切。占有改定（183 条）は、即時取得の要件たる占有の取得に該当
　　　　　しない（最判昭 35.2.11）。よって、Ｂは即時取得により所有権
　　　　　を取得することができない。

イ　適　切。指図による占有移転（184 条）は、即時取得の要件たる占有の
　　　　　取得に該当する（最判昭 57.9.7）。よって、Ｂは A が無権利者
　　　　　であることについて善意無過失であれば、即時取得により所有
　　　　　権を取得することができる。

ウ　不適切。相続は、即時取得の要件たる取引行為に該当しない。よって、
　　　　　Ｂは即時取得により所有権を取得することができない。

エ　不適切。道路運送車両法による登録を受けた自動車については、即時取
　　　　　得の規定が適用されない（最判昭和 62.4.24）。よって、Ｂは即
　　　　　時取得により所有権を取得することができない。

正解　イ

問題 19. 取得時効に関する以下のアからエまでの記述のうち、最も<u>適切な</u>ものを1つ選びなさい（争いがある場合は、判例による）。

ア．土地の賃借人が、20年間、平穏に、かつ、公然と他人の土地を占有した場合、当該土地の所有権を取得する。

イ．地役権は、継続的に行使され、又は、外形上認識することのできるものに限り、時効によって取得することができる。

ウ．土地の所有者は、一筆の土地の一部のものであっても、時効により取得することができる。

エ．前主から土地の占有承継があった場合、承継人は、前主の占有を併せて主張することができるが、占有開始時に善意無過失だった前主が5年間占有を継続していた場合、承継人が悪意であれば、15年間土地の占有を継続しないと時効により取得できない。

解説　取得時効

ア　不適切。20 年間、所有の意思をもって、平穏に、かつ、公然と他人の物を占有した者は、その所有権を取得する(162 条 1 項)。土地の賃借人が土地を占有したとしても、所有の意思があるとはされない。

イ　不適切。地役権は、継続的に行使され、かつ、外形上認識することができるものに限り、時効によって取得することができる(283 条)。

ウ　適　切。土地の所有者は、一筆の土地の一部のものであっても、時効により取得することができる(大連判大 13.10.7)。

エ　不適切。占有者の承継人は、その選択に従い、自己の占有のみを主張し、又は自己の占有に前の占有者の占有を併せて主張することができる(187 条 1 項)。また、前の占有者の占有を併せて主張する場合には、その瑕疵をも承継する(187 条 2 項)。前主の占有を併せて主張する場合、前主は占有開始時に善意無過失であり、5 年間占有を継続していたため、承継人は悪意であっても 5 年間占有を継続すれば、10 年で土地を時効により取得できる(162 条 2 項)。なお、前主が占有開始時に悪意だった場合は、前主の占有と自己の占有を併せて 20 年間占有を継続しないと土地を時効により取得することはできない。

正解　ウ

問題 20.　時効に関する以下のアからエまでの記述のうち、最も<u>適切な</u>ものを
　　　　　1つ選びなさい。

ア．所有権は、時効により消滅する。

イ．債権者が債権を行使することができる時から 10 年間行使しないと
　　きでも、債権者が権利を行使することができることを知った時から
　　5 年経過しなければ、時効により消滅しない。

ウ．占有開始時に悪意であっても、10 年間、所有の意思をもって、平穏
　　に、かつ、公然と他人の物を占有した者は、その所有権を取得する。

エ．公共用財産であっても、取得時効の対象となりうる。

解説　　時効

ア　不適切。所有権は、時効により消滅しない（166 条 2 項参照）。

イ　不適切。債権は、債権者が権利を行使することができることを知った時から 5 年間行使しないとき、又は権利を行使することができる時から 10 年間行使しないときは、時効によって消滅する（166 条 1 項）。したがって、債権者が債権を行使することができる時から 10 年間行使しなければ時効によって消滅する。

ウ　不適切。占有開始時に悪意であれば、20 年間、所有の意思をもって、平穏に、かつ、公然と他人の物を占有したときに、その所有権を取得する（162 条 1 項）。

エ　適　切。公共用財産であっても、取得時効の対象となりうる（最判昭 51.12.24）。

正解　エ

問題 21.　民法 177 条の「第三者」に関する以下のアからオまでの記述のうち、最も<u>適切ではない</u>ものを 1 つ選びなさい（争いがある場合は、判例による）。

ア．A がその所有する甲土地について、A から B、B から C へ譲渡された場合、A は C と対抗関係にある第三者に該当する。

イ．相続財産に属する乙土地について、相続人 AB のうち、B から乙土地の所有権全部を譲り受けて移転登記を備えた C に対して、A は自己の法定持分を登記なくして対抗することができる。

ウ．C の取得時効が完成する前に A がその所有する丙土地について、B と売買契約をし、その旨の登記をした後に、時効が完成した場合、C は登記なくして B に対して所有権を主張することができる。

エ．A がその所有する丁土地を B に売り渡し、登記も行った後に解除したが、登記は B のままになっていた。それを奇貨として B は C に売り渡し、その旨の登記をした場合、A は登記なくして C に対して所有権を主張することができない。

オ．戊土地の所有者である A から戊土地を賃借した B が建物を建てて登記を備えた場合、B は、A から戊土地を新たに譲り受けた C と対抗関係にある第三者に該当する。

**解説**　民法 177 条の「第三者」

ア　不適切。A と C とは当事者の関係に当たるので、A は C と対抗関係にある第三者に該当しない。

イ　適　切。相続財産について、共同相続人の 1 人から移転登記を受けた第三者に対して、他の共同相続人は自己の法定持分を登記なくして対抗することができる（最判昭 38.2.22）。

ウ　適　切。時効完成前に土地を譲り受けた B は時効により権利が消滅し、B と C とは当事者の関係になるので、C は登記なくして B に対して所有権を主張することができる。

エ　適　切。本肢の場合、解除により A に所有権が戻った（545 条 1 項）ので、A と C との関係は二重譲渡の関係になっているといえる。よって、A は登記なくして C に対して所有権を主張することができない（最判昭 35.11.29）。

オ　適　切。借地権は、その旨の登記がなくても登記されている建物を所有すれば、第三者に対抗することができる（借地借家法 10 条 1 項）。したがって、借地上に建物を建てて登記を備えた B は、新たに土地の所有権となった C と対抗関係にある第三者に該当する。

正解　ア

問題 22. 占有権の取得に関する以下のアからエまでの記述のうち、最も<u>適切</u><u>な</u>ものを１つ選びなさい。

ア．株式会社の代表取締役が会社の代表者として土地を占有している場合、土地の占有者として代表取締役には占有訴権が認められる。

イ．建物賃貸借契約の場合、賃借人だけではなく賃貸人も建物の占有権を有しており、この場合、賃貸人を占有代理人という。

ウ．土地に対して占有していた被相続人の占有権は、相続人により相続することができる。

エ．譲受人が現に占有物を所持する場合でも、占有権の譲渡は、当事者の意思表示のみによってすることができず、現実に占有物の引渡しによって行わなければならない。

解説　　占有権の取得

ア　不適切。株式会社の代表取締役が会社の代表者として土地を占有している場合、土地の占有者は、代表取締役ではなく、会社である（最判昭 32.2.15）。したがって、代表取締役には占有訴権が認められない。

イ　不適切。建物賃貸借契約の場合、賃借人だけではなく賃貸人も建物の占有権を有しているが（181 条）、この場合、賃借人を占有代理人という。

ウ　適　切。土地に対して占有していた被相続人の占有権は、相続人により相続することができる（最判昭 44.10.30 参照）。

エ　不適切。譲受人が現に占有物を所持する場合には、占有権の譲渡は、当事者の意思表示のみによってすることができる（182 条 2 項、簡易の引渡し）。

正解　ウ

問題 23. 占有の効力に関する以下のアからエまでの記述のうち、最も<u>適切な</u>ものを１つ選びなさい。

ア．占有者が占有物について行使する権利は、適法に有するものとみなされる。

イ．悪意の占有者であっても、占有物から生ずる果実を取得することができる。

ウ．善意の占有者が本権の訴えにおいて敗訴したときは、敗訴が確定したときから悪意の占有者とみなされる。

エ．占有物が占有者の責めに帰すべき事由によって滅失し、又は損傷したときは、回復者に対し、悪意の占有者はその損害の全部の賠償をする義務を負う。

**解説**　占有の効力

ア　不適切。占有者が占有物について行使する権利は、適法に有するものと推定する（188条）。みなされるのではない。

イ　不適切。善意の占有者は、占有物から生ずる果実を取得することができる（189条1項）。したがって、悪意の占有者は、占有物から生ずる果実を取得することができない。

ウ　不適切。善意の占有者が本権の訴えにおいて敗訴したときは、その訴えの提起の時から悪意の占有者とみなされる（189条2項）。

エ　適　切。占有物が占有者の責めに帰すべき事由によって滅失し、又は損傷したときは、回復者に対し、悪意の占有者はその損害の全部の賠償をする義務を負う（191条）。

正解　エ

問題 24. 占有訴権に関する以下のアからオまでの記述のうち、最も<u>適切ではないもの</u>を１つ選びなさい。

　ア．占有者が占有を妨害されたときは、占有保持の訴えにより、その妨害の停止及び損害の賠償を請求することができる。

　イ．占有者がその占有を妨害されるおそれがあるときは、占有保全の訴えにより、その妨害の予防又は損害賠償の担保を請求することができる。

　ウ．占有者が占有を奪われたときは、占有回収の訴えにより、その物の返還又は損害の賠償を請求することができる。

　エ．悪意の占有者であっても、その占有が妨害されれば、占有保持の訴えをすることができる。

　オ．所有権を奪われた場合、被害者は、所有権に基づく物権的返還請求権を行使できるほか、占有回収の訴えを行使することもできる。

解説　占有訴権

ア　適　切。占有者が占有を妨害されたときは、占有保持の訴えにより、その妨害の停止及び損害の賠償を請求することができる（198条）。

イ　適　切。占有者がその占有を妨害されるおそれがあるときは、占有保全の訴えにより、その妨害の予防又は損害賠償の担保を請求することができる（199条）。

ウ　不適切。占有者が占有を奪われたときは、占有回収の訴えにより、その物の返還及び損害の賠償を請求することができる（200条1項）。その物の返還又は損害の賠償ではない。

エ　適　切。悪意の占有者であっても、その占有が妨害されれば、占有保持の訴えをすることができる（大判大13.5.22参照）。

オ　適　切。占有の訴えは本権の訴えを妨げず、また、本権の訴えは占有の訴えを妨げない（202条1項）。したがって、所有権を奪われた場合、所有権に基づく物権的返還請求権でも占有回収の訴えでもいずれも行使することができる。

正解　ウ

問題 25. 囲繞地通行権に関する以下のアからオまでの記述のうち、最も<u>適切</u>
<u>な</u>ものを１つ選びなさい。

ア．袋地を取得した者は、所有権登記がなされなければ、囲繞地通行権
　　が認められない。

イ．自動車による通行を前提とする囲繞地通行権は認められない。

ウ．分割によって袋地が生じたときは、袋地の所有者は、公道に至るた
　　め、他の分割者の所有地のみを通行することができるが、その場合
　　には償金を支払わなければならない。

エ．土地の所有者は、その土地の一部を譲り渡したことで袋地になった
　　場合には、譲り渡した当該土地のみを通行することができる。

オ．一筆の土地を甲地、乙地に分割したことにより甲地が袋地になっ
　　た場合、甲地の所有者は、乙地を通行することができるが、その後、
　　乙地が第三者に譲り渡されたときには乙地を通行することができ
　　ない。

解説　囲繞地通行権

ア　不適切。判例は、不動産相互間の利用の調整という相隣関係の趣旨を公示制度に優先させ、袋地の所有権を取得した者は、袋地について所有権移転登記を経由していなくても、囲繞地の所有者に対し、囲繞地通行権を主張することができるとしている（最判昭47.4.14）。

イ　不適切。自動車による通行を前提とする囲繞地通行権は、他の土地について自動車による通行を認める必要性、周辺の土地の状況、自動車による通行を前提とする通行権が認められることにより他の土地の所有者が被る不利益等の諸事情を総合考慮して判断される（最判平18.3.16）。したがって、一定の要件が満たされれば自動車による通行権も認められる。

ウ　不適切。分割によって袋地が生じたときは、袋地の所有者は、公道に至るため、他の分割者の所有地のみを通行することができるが、この場合、償金を支払うことを要しない（213条）。

エ　適　切。土地の所有者は、その土地の一部を譲り渡したことで袋地になった場合には、譲り渡した当該土地のみを通行することができる（213条2項）。

オ　不適切。一筆の土地を甲地、乙地に分割したことにより甲地が袋地になった場合、甲地の所有者は、乙地を通行することができるが、その後、乙地が第三者に譲り渡されたときでも乙地を通行することができる（最判平2.11.20参照）。

正解　エ

問題 26. 相隣関係に関する以下のアからオまでの記述のうち、最も適切ではないものを1つ選びなさい（争いがある場合は、判例による）。

ア．土地の所有者は、境界又はその付近において障壁又は建物を築造し又は修繕するため必要な範囲内で、隣地の使用を請求することができる。

イ．自動車による通行を前提とする囲繞地通行権は、他の土地について自動車による通行を認める必要性、周辺の土地の状況、自動車による通行を前提とする通行権が認められることにより他の土地の所有者が被る不利益等の諸事情を総合考慮して判断される。

ウ．分割によって公道に通じない土地が生じたときは、その土地の所有者は、公道に至るため、他の分割者の所有地のみを通行することができるが、償金を支払わなければならない。

エ．土地の所有者は、直接雨水を隣地に注ぐ構造の屋根その他の工作物を設けてはならない。

オ．土地の所有者は、隣地の所有者と共同の費用で、境界標を設けることができる。

解説　　[相隣関係]

ア　適　切。土地の所有者は、境界又はその付近において障壁又は建物を築造し又は修繕するため必要な範囲内で、隣地の使用を請求することができるが、隣人の住宅に立ち入るためには、隣人の承諾が必要である（209条1項）。

イ　適　切。自動車による通行を前提とする囲繞地通行権は、他の土地について自動車による通行を認める必要性、周辺の土地の状況、自動車による通行を前提とする通行権が認められることにより他の土地の所有者が被る不利益等の諸事情を総合考慮して判断される（最判平18.3.16）。したがって、一定の要件が満たされれば自動車による通行権も認められる。

ウ　不適切。分割によって公道に通じない土地が生じたときは、その土地の所有者は、公道に至るため、他の分割者の所有地のみを通行することができ、この場合、償金を支払うことを要しない（213条1項）。

エ　適　切。土地の所有者は、直接雨水を隣地に注ぐ構造の屋根その他の工作物を設けてはならない（218条）。

オ　適　切。土地の所有者は、隣地の所有者と共同の費用で、境界標を設けることができ（223条）、境界標の設置及び保存の費用は、相隣者が等しい割合で負担する。なお、測量の費用については、その土地の広狭に応じて分担することとされている（224条）。

　　　　　　　　　　　　　　　　　　　　　　　[正解　ウ]

問題 27. 所有権の取得に関する以下のアからエまでの記述のうち、最も<u>適切</u><u>ではないもの</u>を１つ選びなさい。

ア．所有者のない動産は、所有の意思をもって占有することによって、その所有権を取得する。

イ．他人の動産に工作を加えた加工者があるときは、その加工物の所有権は、加工者に帰属する。

ウ．所有者のない不動産は、国庫に帰属する。

エ．不動産の所有者は、その不動産に従として付合した物の所有権を取得する。

解説　　所有権の取得

ア　適　切。所有者のない動産は、所有の意思をもって占有することによって、その所有権を取得する（239条１項）。

イ　不適切。他人の動産に工作を加えた加工者があるときは、その加工物の所有権は、材料の所有者に帰属する（246条１項）。

ウ　適　切。所有者のない不動産は、国庫に帰属する（239条２項）。

エ　適　切。不動産の所有者は、その不動産に従として付合した物の所有権を取得する（242条）。

正解　イ

問題 28. 共有に関する以下のアからオまでの記述のうち、最も<u>適切ではない</u>ものを 1 つ選びなさい。

ア．共有者は、共有物について自己の持分に応じて共有物全部を使用することができる。

イ．共有者は、自己の財産におけるのと同一の注意をもって、共有物の使用をしなければならない。

ウ．隣接する土地の一方又は双方が共有に属する場合、境界確定の訴えは、共有者全員でしなければならない。

エ．共有者の一人に相続が発生し相続人がいない場合、特別縁故者がいれば、その共有持分は特別縁故者に帰属する。

オ．各共有者は、他の共有者の同意を得なければ、共有物に形状又は効用の著しい変更を加えることができない。

**解説** 　共有

ア　適　切。共有者は、共有物について自己の持分に応じて共有物全部を使用することができる（249条1項）。

イ　不適切。共有者は、善良な管理者の注意をもって、共有物の使用をしなければならない（249条3項）。

ウ　適　切。隣接する土地の一方又は双方が共有に属する場合、境界確定の訴えは、共有者全員でしなければならない（最判昭 46.12.9）。

エ　適　切。共有者の1人に相続が発生し相続人がいない場合、特別縁故者がいれば、その共有持分は特別縁故者に帰属し、特別縁故者がいないことが確定したときに他の共有者に帰属する（最判平1.11.24）。

オ　適　切。各共有者は、他の共有者の同意を得なければ、共有物に形状又は効用の著しい変更を加えることができない（251条）。

正解　イ

問題 29. 共有に関する以下のアからオまでの記述のうち、最も<u>適切ではない</u>
ものを１つ選びなさい。

ア．共有物を処分する場合、各共有者の持分の価格に従い、その過半数
で決する必要がある。

イ．共有物の修理は、各共有者が単独ですることができる。

ウ．共有者の１人が共有物について他の共有者に対して有する債権は、
その特定承継人に対しても行使することができる。

エ．共有者の１人が、その持分を放棄したとき、又は死亡して相続人が
ないときは、その持分は、他の共有者に帰属する。

オ．共有者の１人が他の共有者に対して共有に関する債権を有すると
きは、分割に際し、債務者に帰属すべき共有物の部分をもって、そ
の弁済に充てることができる。

**解説**　　共有

ア　不適切。共有物を処分する場合は変更に該当し、各共有者は、他の共有者の同意を得なければ、共有物に変更を加えることができない（251条）。

イ　適　切。共有物の修理は、保存行為に該当し、保存行為は、各共有者が単独ですることができる(252条ただし書き)。

ウ　適　切。共有者の1人が共有物について他の共有者に対して有する債権は、その特定承継人に対しても行使することができる（254条）。

エ　適　切。共有者の1人が、その持分を放棄したとき、又は死亡して相続人がないときは、その持分は、他の共有者に帰属する(255条)。

オ　適　切。共有者の1人が他の共有者に対して共有に関する債権を有するときは、分割に際し、債務者に帰属すべき共有物の部分をもって、その弁済に充てることができる(259条)。

正解　ア

問題 30. 地上権に関する以下のアからエまでの記述のうち、最も<u>適切なもの</u>を１つ選びなさい。

ア. 地上権は、その対価として地代を払うことが要件である。

イ. 地上権の存続期間を永久とすることはできない。

ウ. 工作物を所有するため、空間のみの地上権を設定することができる。

エ. 地上権者は、竹木を所有するために地上権を有することはできない。

解説　　地上権

ア　不適切。地上権は、必ずしも地代を払うことが成立要件ではない（266条１項参照）。

イ　不適切。地上権には存続期間はなく（268条１項参照）、存続期間を永久とすることもできる。

ウ　適　切。工作物を所有するため、空間のみの地上権を設定することができる（269条の２、区分地上権）。

エ　不適切。地上権者は、竹木を所有するために地上権を有することができる（265条）。

正解　ウ

問題 31. 永小作権に関する以下のアからエまでの記述のうち、最も<u>適切ではないもの</u>を１つ選びなさい。

ア．永小作権とは、小作料を支払って他人の土地において耕作又は牧畜をする権利をいう。

イ．永小作権を他人に譲り渡すことができる。

ウ．無償の永小作権も認められる。

エ．永小作権の存続期間は、20 年以上 50 年以下である。

解説　　永小作権

ア　適　切。永小作権とは、小作料を支払って他人の土地において耕作又は牧畜をする権利をいう（270 条）。

イ　適　切。永小作権を他人に譲り渡すことができる（272 条）。

ウ　不適切。対価は永小作権の成立要件であり、無償の永小作権は認められない（270 条参照）。

エ　適　切。永小作権の存続期間は、20 年以上 50 年以下である（278 条 1 項）。

正解　ウ

問題 32. 地役権に関する以下のアからエまでの記述のうち、最も<u>適切ではないもの</u>を１つ選びなさい。

ア．地役権は、継続的に行使され、又は、外形上認識することができるものであれば、時効によって取得することができる。

イ．土地の共有者の一人が時効によって地役権を取得したときは、他の共有者も、これを取得する。

ウ．地役権は、要役地から分離して譲り渡すことができない。

エ．土地の共有者の一人は、その持分につき、その土地のために又はその土地について存する地役権を消滅させることができない。

解説　地役権

ア　不適切。地役権は、継続的に行使され、かつ、外形上認識することができるものに限り、時効によって取得することができる（283条）。

イ　適　切。土地の共有者の１人が時効によって地役権を取得したときは、他の共有者も、これを取得する（284条１項）。

ウ　適　切。地役権は、要役地から分離して譲り渡すことができない（281条２項）。

エ　適　切。土地の共有者の１人は、その持分につき、その土地のために又はその土地について存する地役権を消滅させることができない（282条１項）。

正解　ア

問題 33.　留置権に関する以下のアからオまでの記述のうち、最も<u>適切な</u>もの
　　　　　を１つ選びなさい（争いがある場合は、判例による）。

ア．当初、適法に有していた占有権原が失われ、もはや占有すべき権原
　　がないことを知りながら他人物を占有する場合でも、占有が不法行
　　為によって始まったわけではないので、占有者は留置権を行使する
　　ことができる。

イ．他人物売買による買主が、所有者から返還請求を受けた場合、売主
　　に対する契約不履行に基づく損害賠償請求権を被担保債権として
　　留置権を主張することができる。

ウ．被告の留置権が認められた場合、原告の請求は棄却される。

エ．賃借した建物に賃借人が支出した費用が必要費であれば、その償還
　　請求権を被担保債権として留置権を行使できるが、支出した費用が
　　有益費であれば、その償還請求権を被担保債権として留置権を行使
　　することはできない。

オ．建物所有者による建物明渡請求に対して、建物賃借人による造作買
　　取請求権を被担保債権とした留置権を行使することはできない。

解説　留置権

ア　不適切。当初、適法に有していた占有権原が失われ、もはや占有すべき権原がないことを知りながら他人物を占有する場合は、不法なものとして、留置権を行使することができない（大判大10.12.23）。

イ　不適切。他人物売買による買主が、所有者から返還請求を受けた場合、売主に対する契約不履行に基づく損害賠償請求権を被担保債権として留置権を主張することができない（最判昭51.6.17）。

ウ　不適切。被告の留置権が認められた場合、原告の請求は棄却されるのではなく、被担保債権の弁済と引換えによる引渡判決がなされる（最判昭33.3.13）。

エ　不適切。賃借した建物に賃借人が支出した費用が必要費であっても、有益費であっても、その償還請求権を被担保債権として留置権を行使できる（大判昭14.4.28、大判大10.5.13）。

オ　適　切。建物所有者による建物明渡請求に対して、建物賃借人による造作買取請求権を被担保債権とした留置権を行使することはできない（最判昭29.1.14）。

正解　オ

問題34. 留置権に関する以下のアからオまでの記述のうち、最も<u>適切な</u>ものを１つ選びなさい。

ア．留置権は、担保されるべき債権が弁済期にないときであっても、成立する。

イ．留置権者は、留置物から生ずる果実を収取したときは、留置権設定者に当該果実を返還しなければならない。

ウ．留置権者が留置物の占有を継続している間は、その被担保債権の消滅時効は進行しない。

エ．債務者は、目的物に代わる相当の担保を供して、留置権の消滅を請求することができる。

オ．留置権者は、目的物を競売し、その競売代金から優先的弁済を受ける権利を有する。

解説 　留置権

ア　不適切。留置権は、その担保する債権が弁済期にないときは、成立しない（295条1項但書）。

イ　不適切。留置権者は、留置物から生ずる果実を収取し、他の債権者に先立って、これを自己の債権の弁済に充当することができる（295条1項）。

ウ　不適切。留置権の行使は、債権の消滅時効の進行を妨げない（300条）。つまり、留置権者が留置物の占有を継続している間、その被担保債権の消滅時効は進行する。

エ　適　切。債務者は、相当の担保を供して、留置権の消滅を請求することができる（301条）。

オ　不適切。留置権者は、目的物の競売権を有するが（民事執行法195条）、留置権は交換価値について優先弁済を受ける効力を有しないことから、この競売権はあくまでも換価のための形式的競売であり、競売代金から優先的に弁済を受ける権利は有しない。

正解　エ

問題 35. 先取特権に関する以下のアからエまでの記述のうち、最も<u>適切では</u><u>ない</u>ものを１つ選びなさい。

ア．共益の費用の先取特権は、各債権者の共同の利益のためにされた債務者の財産の保存、清算又は配当に関する費用について存在する。

イ．日用品の供給の先取特権は、債務者又はその扶養すべき同居の親族及びその家事使用人の生活に必要な最後の１年間の飲食料品、燃料及び電気の供給について存在する。

ウ．不動産の売買によって生じた債権を有する者は、債務者の特定の不動産について先取特権を有する。

エ．一般の先取特権が互いに競合する場合には、その優先権の順位は、共益の費用の先取特権、雇用関係の先取特権、葬式の費用の先取特権、日用品の供給の先取特権の順である。

解説　　先取特権

ア　適　切。共益の費用の先取特権は、各債権者の共同の利益のためにされ
　　　　　　た債務者の財産の保存、清算又は配当に関する費用について存
　　　　　　在する（307条1項）。

イ　不適切。日用品の供給の先取特権は、債務者又はその扶養すべき同居の
　　　　　　親族及びその家事使用人の生活に必要な最後の6か月間の飲食
　　　　　　料品、燃料及び電気の供給について存在する（310条）。

ウ　適　切。不動産の売買によって生じた債権を有する者は、債務者の特定
　　　　　　の不動産について先取特権を有する（325条3号）。

エ　適　切。一般の先取特権が互いに競合する場合には、その優先権の順位
　　　　　　は、共益の費用の先取特権、雇用関係の先取特権、葬式の費用
　　　　　　の先取特権、日用品の供給の先取特権の順である（329条1項、
　　　　　　306条）。

正解　イ

問題36.　先取特権の順位に関する以下のアからエまでの記述のうち、最も
　　　　適切ではないものを１つ選びなさい。

　　ア．不動産賃貸の先取特権と動産売買の先取特権とが競合する場合に
　　　　は、原則として、不動産賃貸の先取特権が、動産売買の先取特権に
　　　　優先する。

　　イ．不動産保存の先取特権と不動産工事の先取特権とが競合する場合
　　　　には、不動産保存の先取特権が、不動産工事の先取特権に優先する。

　　ウ．登記した不動産保存の先取特権と抵当権とが競合する場合には、登
　　　　記の具備の先後により優先順位が決まる。

　　エ．登記した不動産工事の先取特権は、抵当権設定の前後を問わず、抵
　　　　当権に優先する。

解説　　先取特権の順位

ア　適　切。不動産賃貸の先取特権と動産売買の先取特権とが競合する場合
　　　　　　には、原則として、不動産賃貸の先取特権が、動産売買の先取
　　　　　　特権に優先する（330条1項1号・3号）。

イ　適　切。不動産保存の先取特権と不動産工事の先取特権とが競合する場
　　　　　　合には、不動産保存の先取特権が、不動産工事の先取特権に優
　　　　　　先する（331条、325条1号・2号）。

ウ　不適切。登記した不動産保存の先取特権及び登記した不動産工事の先取
　　　　　　特権は、抵当権設定の前後を問わず、抵当権に優先する（339
　　　　　　条）。不動産保存・不動産工事により目的不動産が改良されれば、
　　　　　　抵当権者もその利益を受けることとなるため、これらの先取特
　　　　　　権を抵当権に優先させるのが公平だからである。

エ　適　切。上記ウの解説を参照。

正解　ウ

問題 37. 質権に関する以下のアからエまでの記述のうち、最も<u>適切ではない</u>ものを1つ選びなさい。

ア．質権は債権を目的として設定することができる。

イ．動産質権者は、継続して質物を占有しなければ、その質権をもって第三者に対抗することができない。

ウ．質権設定者は、債務の弁済期前の契約において、質権者に弁済として質物の所有権を取得させ、その他法律に定める方法によらないで質物を処分させることを約することができない。

エ．不動産質権者は、質権の目的である不動産の用法に従い、その使用及び収益をすることができない。

解説　　質権

ア　適　切。質権は債権を目的として設定することができる（362条）。

イ　適　切。動産質権者は、継続して質物を占有しなければ、その質権をもって第三者に対抗することができない（352条）。

ウ　適　切。質権設定者は、債務の弁済期前の契約において、質権者に弁済として質物の所有権を取得させ、その他法律に定める方法によらないで質物を処分させることを約することができない（流質の禁止　349条）。

エ　不適切。不動産質権者は、質権の目的である不動産の用法に従い、その使用及び収益をすることができる（356条）。

正解　エ

問題 38. 不動産質に関する以下のアからオまでの記述のうち、最も<u>適切では</u><u>ない</u>ものを1つ選びなさい。

ア. 不動産質権者は、質権の目的である不動産の用法に従い、その使用及び収益をすることができる。

イ. 不動産質権者は、管理の費用を支払い、その他不動産に関する負担を負う。

ウ. 不動産質権者は、その債権の利息を請求することができる。

エ. 不動産質権の存続期間は、10年を超えることはできず、設定行為でこれより長い期間を定めたときであっても、その期間は、10年とする。

オ. 不動産質権の設定は、更新することができる。

解説　　　不動産質

ア　適　切。不動産質権者は、質権の目的である不動産の用法に従い、その使用及び収益をすることができる（356条）。

イ　適　切。不動産質権者は、管理の費用を支払い、その他不動産に関する負担を負う（357条）。

ウ　不適切。不動産質権者は、その債権の利息を請求することができない（358条）。

エ　適　切。不動産質権の存続期間は、10年を超えることができない。設定行為でこれより長い期間を定めたときであっても、その期間は、10年とする（360条1項）。

オ　適　切。不動産質権の設定は、更新することができる。ただし、その存続期間は、更新の時から10年を超えることができない（360条2項）。

正解　ウ

問題 39. 抵当権の効力に関する以下のアからオまでの記述のうち、最も<u>適切</u><u>ではない</u>ものを１つ選びなさい（争いがある場合は、判例による）。

ア．土地に対する抵当権は、当該土地に対して植栽された樹木に対しても及ぶ。

イ．所有権だけではなく、地上権も、抵当権の目的とすることができる。

ウ．ガソリンスタンド用建物に対する抵当権の効力は、当該建物の地下タンク、ノンスペース型計量機、洗車機等に対しても及ぶ。

エ．建物に対する抵当権の効力は、当該建物敷地の賃借権にも及ぶ。

オ．抵当権は、その担保する債権について債務不履行がなくても、抵当不動産の果実に及ぶ。

解説　　抵当権の効力

ア　適　切。抵当権は、抵当地の上に存する建物を除き、その目的である不動産に付加して一体となっている物に及び（370条）、これには附合物が含まれる。附合物には、抵当地に植栽された樹木も含まれるので、土地に対する抵当権は、当該土地に対して植栽された樹木にも効力が及ぶ。

イ　適　切。地上権も、抵当権の目的とすることができる（369条2項）。

ウ　適　切。ガソリンスタンド用建物に対する抵当権の効力は、当該建物の地下タンク、ノンスペース型計量機、洗車機等に対しても及ぶ（最判平2.4.19）。

エ　適　切。建物に対する抵当権の効力は、当該建物敷地の賃借権にも及ぶ（最判昭40.5.4）。

オ　不適切。抵当権は、その担保する債権について不履行があったときは、その後に生じた抵当不動産の果実に及ぶ（371条）。よって、その担保する債権について債務不履行がなくても、抵当不動産の果実に及ぶわけではない。

正解　オ

問題 40. 抵当権の処分に関する以下のアからオまでの記述のうち、最も<u>適切</u><u>ではないもの</u>を 1 つ選びなさい。

前提：甲土地に対して、A の被担保債権 1,000 万円の 1 番抵当権、B の被担保債権 500 万円の 2 番抵当権が設定されている。

ア．甲土地が 600 万円で競売されれば、A の配当額は 600 万円、B の配当額は 0 円となる。

イ．A が B に抵当権の順位を譲渡した場合、甲土地が 600 万円で競売されれば、A の配当額は 100 万円、B の配当額は 500 万円となる。

ウ．A が B に抵当権の順位を放棄した場合、甲土地が 600 万円で競売されれば、A の配当額は 400 万円、B の配当額は 200 万円となる。

エ．A と B とが順位変更する場合、甲土地が 600 万円で競売されれば、A の配当額は 300 万円、B の配当額は 300 万円となる。

オ．抵当権の順位を譲渡する場合、主たる債務者にその旨を通知し、又は主たる債務者がこれを承諾しなければ、これをもって主たる債務者等に対抗することができない。

## 解説　　抵当権の処分

ア　適　切。抵当権は、順位に従って、先順位抵当権者が優先的に配当を受けられるので、甲土地が 600 万円で競売されれば、A の配当額は 600 万円、B の配当額は 0 円となる。

イ　適　切。抵当権の順位の譲渡がなされると、先順位抵当権者の配当額と後順位抵当権者の配当額の合計から、後順位抵当権者が優先して配当を受け、残りを先順位抵当権者が配当を受けるので、甲土地が 600 万円で競売されれば、まず、B は 500 万円の配当を受け、A が残りの 100 万円の配当を受ける。

ウ　適　切。抵当権の順位の放棄がなされると、先順位抵当権者の配当額と後順位抵当権者の配当額の合計から、被担保債権に応じて按分して配当を受けるので、A が B に抵当権の順位を放棄した場合、甲土地が 600 万円で競売されれば、A の配当額は 400 万円、B の配当額は 200 万円となる。

エ　不適切。順位変更がなされると、順位が絶対的に変わるので、A と B とが順位変更する場合、甲土地が 600 万円で競売されれば、先順位として B の配当額は 500 万円となり、後順位として A の配当額は残りの 100 万円となる。

オ　適　切。抵当権の順位を譲渡する場合、主たる債務者にその旨を通知し、又は主たる債務者がこれを承諾しなければ、これをもって主たる債務者等に対抗することができない（377 条 1 項）。

正解　エ

問題 41. 抵当権消滅請求に関する以下のアからエまでの記述のうち、最も<u>適切ではないもの</u>を１つ選びなさい(争いがある場合は、判例による)。

ア．抵当不動産の第三取得者は、民法の定めるところにより、抵当権消滅請求をすることができるが、主たる債務者、保証人及びこれらの者の承継人は、抵当権消滅請求をすることができない。

イ．抵当不動産の停止条件付第三取得者は、その停止条件の成否が未定である間は、抵当権消滅請求をすることができない。

ウ．抵当不動産の第三取得者は、抵当権の実行としての競売による差押えの効力が発生する前に、抵当権消滅請求をしなければならない。

エ．抵当不動産について譲渡担保権の設定を受けた者は、担保権を実行して確定的に抵当不動産を取得していなくても抵当権消滅請求をすることができる。

解説　　抵当権消滅請求

ア　適　切。抵当不動産の第三取得者は、383条（抵当権消滅請求の手続）
　　　　　　の定めるところにより、抵当権消滅請求をすることができる
　　　　　　（379条）。これに対して、主たる債務者、保証人及びこれらの
　　　　　　者の承継人は、抵当権消滅請求をすることができない（380条）。

イ　適　切。抵当不動産の停止条件付第三取得者は、その停止条件の成否が
　　　　　　未定である間は、抵当権消滅請求をすることができない（381条）。

ウ　適　切。抵当不動産の第三取得者は、抵当権の実行としての競売による
　　　　　　差押えの効力が発生する前に、抵当権消滅請求をしなければな
　　　　　　らない（382条）。

エ　不適切。抵当不動産について譲渡担保権の設定を受けた者は、担保権を
　　　　　　実行して確定的に抵当不動産を取得しない限り抵当権消滅請求
　　　　　　をすることができない。

正解　エ

問題 42. 根抵当権に関する以下のアからエまでの記述のうち、最も<u>適切な</u>ものを１つ選びなさい。

ア．元本の確定前に債務者のために又は債務者に代わって弁済をした者は、その債権について根抵当権を行使することができる。

イ．根抵当権者は、元本の確定前であれば、根抵当権設定者の承諾を得ることなく、その根抵当権を譲り渡すことができる。

ウ．根抵当権の極度額は、利害関係を有する者の承諾を得なければ変更することができない。

エ．根抵当権設定者は、根抵当権の設定の時から５年を経過したときは、担保すべき元本の確定を請求することができる。

**解説**　根抵当権

ア　不適切。元本の確定前に債務者のために又は債務者に代わって弁済をした者は、その債権について根抵当権を行使することはできない（398条の7第1項）。

イ　不適切。元本の確定前においては、根抵当権者は、根抵当権設定者の承諾を得て、その根抵当権を譲り渡すことができる（398条の12）。

ウ　適　切。根抵当権の極度額の変更は、利害関係を有する者の承諾を得なければ、することができない（398条の5）。

エ　不適切。根抵当権設定者は、根抵当権の設定の時から3年を経過したときは、担保すべき元本の確定を請求することができる（398条の19第1項）。5年を経過したときではない。

正解　ウ

問題 43. 法定利率に関する以下のアからエまでの記述のうち、最も<u>適切では</u>
<u>ない</u>ものを１つ選びなさい。

ア．利息を生ずべき債権について別段の意思表示がないときは、その
利率は、その利息が生じた最初の時点における法定利率による。

イ．法定利率は、年３パーセントとされているが、３年を１期として、
１期ごとに変動するものとされている。

ウ．利息の支払が１年分以上延滞した場合には、債権者は、直ちにこ
れを元本に組み入れることができる。

エ．金銭の給付を目的とする債務の不履行については、その損害賠償
の額は、債務者が遅滞の責任を負った最初の時点における法定利率
によって定め、約定利率が法定利率を超えるときは、約定利率によ
る。

解説　　法定利率

ア　適　切。利息を生ずべき債権について別段の意思表示がないときは、その利率は、その利息が生じた最初の時点における法定利率による（404条1項）。

イ　適　切。法定利率は、年3パーセントとされているが（404条2項）、3年を1期として、1期ごとに変動するものとされている（同条3項）。

ウ　不適切。利息の支払が1年分以上延滞した場合において、債権者が催告をしても、債務者がその利息を支払わないときは、債権者は、これを元本に組み入れることができる（405条）。

エ　適　切。金銭の給付を目的とする債務の不履行については、その損害賠償の額は、債務者が遅滞の責任を負った最初の時点における法定利率によって定める。ただし、約定利率が法定利率を超えるときは、約定利率による（419条1項）。

正解　ウ

問題44. 金銭債権（債務）に関する以下のアからエまでの記述のうち、最も
　　　　適切ではないものを1つ選びなさい。


ア．金銭債権の場合、債務者がどのような通貨で支払うかは、原則と
　　して、債務者の任意の選択にゆだねられている。

イ．金銭債権の場合、外国の通貨で債権額が指定されたときであって
　　も、債務者は、日本の通貨で弁済することができ、債権者は、外国
　　の通貨又は日本の通貨のいずれによっても請求することができる。

ウ．金銭債務の不履行の場合、債権者は、損害の証明をすることがで
　　きなくても、損害賠償請求をすることができる。

エ．金銭債務の不履行の場合、その損害賠償の額は、法定利率又は約
　　定利率によって定められるが、これ以上の損害が発生したことを債
　　権者が証明したときは、その賠償を請求することができる。

**解説**　　金銭債権

ア　適　切。金銭債権の場合、債務者がどのような通貨で支払うかは、原則
として、債務者の任意の選択にゆだねられている（402条1項本
文）。

イ　適　切。金銭債権の場合、外国の通貨で債権額が指定されたときであっ
ても、債務者は、日本の通貨で弁済することができ（403条）、
債権者は、外国の通貨又は日本の通貨のいずれによっても請求
することができる（最判昭和50.7.15）。

ウ　適　切。金銭債務の不履行の場合、その損害賠償については、債権者
は、損害の証明をすることを要しない（419条2項）。そこで、
金銭債務の不履行の場合、債権者は、損害の証明をすることが
できなくても、損害倍書請求をすることができる。

エ　不適切。金銭債務賠償の場合、その損害賠償の額は、法定利率又は約定
利率によって定められ（419条1項）、これ以上の損害が発生し
たことを債権者が証明しても、その賠償を請求することはでき
ない（最判昭和48.10.11）。

正解　エ

問題45. AがBに対して、Aが所有する２台の中古車のうちいずれか１台を売る場合に関する以下のアからオまでの記述のうち、最も<u>適切ではないもの</u>を１つ選びなさい。

ア．AB間の本問売買契約において２台の中古車のうちいずれとするかを特定する権限（以下、本問において「選択権」という。）を有する者を定めなかったときは、選択権はAが有する。

イ．AB間の本問売買契約において選択を第三者Cに委ねた場合に、Cが選択をする意思を有しないときは、選択権はAに移転する。

ウ．AB間の本問売買契約においてBが選択権を有している場合に、Bが、２台の中古車のうち１台に試乗していた際にその中古車を過失により大破させたときは、残りの１台が当該売買契約の目的物となる。

エ．AB間の本問売買契約においてAが選択権を有している場合に、Aの過失によって２台の中古車のうち１台が焼失したときは、Bは、当該売買契約を解除することができる。

オ．AB間の本問売買契約においてBが選択権を有している場合に、大震災によって２台の中古車のうち１台が焼失したときは、Bは、焼失した１台を選択することができる。

## 解説　選択債権

ア　適　切。債権の目的が数個の給付の中から選択によって定まるときは、その選択権は、債務者に属する（406条）と規定されているが、この規定は任意規定であるから、当事者間の契約で選択権を有する者が定められていない場合に適用されることになる。本記述の場合、AB間の本問売買契約において選択権を有する者を定めなかったのであるから、この規定により、選択権は、債務者である売主Aに属することになる。

イ　適　切。選択は第三者に委ねることもできる（409条1項）が、その第三者が選択をすることができず、又は選択をする意思を有しないときは、選択権は債務者に移転する（409条2項）。本記述の場合、Cが選択をする意思を有しないのであるから、選択権は債務者であるAに移転する。

ウ　適　切。債権の目的である給付の中に不能のものがある場合において、その不能が選択権を有する者の過失によるものであるときは、債権は、その残存するものについて存在する（410条）。本記述の場合、選択権を有するBの過失により1台の中古車が大破しているのであるから、残りの1台が当該売買契約の目的物となる。

エ　不適切。本記述の場合も、上記ウの場合に該当するので、残りの1台が当該売買契約の目的物となる。選択権を有するAの過失により1台の中古車が大破したことは、解除原因とはならない。

オ　適　切。債権の目的である給付の不能が選択権を有する者の過失によらない場合、選択権者は不能となった給付を選択することができる。残存する給付が債権の目的となるわけではないからである。本記述の場合、大震災というBの過失によらない事由によって2台の中古車のうち1台が焼失したのであるから、Bは、焼失した1台を選択することができる。なお、Bは、履行不能を理由に本問売買契約を無催告で解除することができ、代金支払債務を免れることができる（542条1項1号）。

正解　エ

問題 46. 債務不履行に基づく損害賠償に関する以下のアからエまでの記述の
うち、最も<u>適切ではない</u>ものを1つ選びなさい。

ア．将来において取得すべき利益についての損害賠償の額を定める場
合において、その利益を取得すべき時までの利息相当額を控除する
ときは、その損害賠償の請求権を行使する時点における法定利率に
よって行う。

イ．債務不履行又はこれによる損害の発生もしくは拡大に関して債権
者に過失があったときは、裁判所は、これを考慮して損害賠償の額
を定めることができ、損害賠償責任自体を否定することもできる。

ウ．債権者が、損害賠償として、その債権の目的である物又は権利の
価額の全部の支払を受けたときは、債務者は、その物又は権利につ
いて当然に債権者に代位する。

エ．債務者がその債務の本旨に従った履行をしないとき又は債務の履
行が不能であるときであっても、その債務の不履行が契約その他の
債務の発生原因及び取引上の社会通念に照らして債務者の責めに
帰することができない事由によるものであるときは、債権者は、こ
れによって生じた損害の賠償を請求することができない。

解説　　債務不履行に基づく損害賠償

ア　不適切。将来において取得すべき利益についての損害賠償の額を定める
　　　　　　場合において、その利益を取得すべき時までの利息相当額を控
　　　　　　除するときは、その損害賠償の請求権が「生じた時点」におけ
　　　　　　る法定利率によって行う（417条の2第1項）。

イ　適　切。債務の不履行又はこれによる損害の発生若しくは拡大に関して
　　　　　　債権者に過失があったときは、裁判所は、これを考慮して、損
　　　　　　害賠償の責任及びその額を定める（418条）。よって、裁判所は、
　　　　　　損害賠償の額を定めることができるだけでなく、損害賠償責任
　　　　　　自体を否定することもできる。

ウ　適　切。債権者が、損害賠償として、その債権の目的である物又は権利
　　　　　　の価額の全部の支払を受けたときは、債務者は、その物又は権
　　　　　　利について当然に債権者に代位する（422条）。

エ　適　切。債務者がその債務の本旨に従った履行をしないとき又は債務の
　　　　　　履行が不能であるときは、債権者は、これによって生じた損害
　　　　　　の賠償を請求することができる（415条1項本文）。ただし、そ
　　　　　　の債務の不履行が契約その他の債務の発生原因及び取引上の社
　　　　　　会通念に照らして債務者の責めに帰することができない事由に
　　　　　　よるものであるときは、この限りでない（同項但書）。よって、
　　　　　　債務不履行がある場合であっても、それが債務者の責めに帰す
　　　　　　ることができない事由によるものであるときは、債権者は、債
　　　　　　務不履行による損害賠償を請求することができない。

正解　ア

問題 47. 債権者代位権に関する以下のアからオまでの記述のうち、最も<u>適切</u><u>な</u>ものを1つ選びなさい。

ア. 債権者代位権を行使するためには、債務者の被代位権利の発生よりも前に被保全債権が成立していることが必要である。

イ. 債権者から債権の譲渡を受けた譲受人は、当該債権の債務者に対し、当該債権者に代位して債権譲渡の通知をすることができる。

ウ. 債権者が被代位権利を行使したときであっても、債務者は、被代位権利について、自ら取立てその他の処分をすることができ、相手方も、被代位権利について、債務者に対して履行をすることができる。

エ. 債権者は、被代位権利を行使する場合において、被代位権利が金銭の支払を目的とするものであるときは、相手方に対し、その支払を自己に対してするよう求めることができない。

オ. 債権者は、被代位権利の行使に係る訴えを提起したときであっても、債務者に対して訴訟告知をする義務を負わない。

## 解説　債権者代位権

ア　不適切。債権者代位権を行使するためには、債務者の被代位権利の発生
　　　　　　　よりも前に被保全債権が成立している必要はない（最判昭
　　　　　　　33.7.15）。

イ　不適切。判例は、467条1項の立法趣旨の潜脱を防止する観点などか
　　　　　　　ら、債権の譲受人による債権譲渡の通知は、債権者代位権の対
　　　　　　　象とならないとしている（大判昭5.10.10）。

ウ　適　切。債権者が被代位権利を行使した場合であっても、債務者は、被
　　　　　　　代位権利について、自ら取立てその他の処分をすることを妨げ
　　　　　　　られない（423条の5前段）。また、この場合、相手方も、被代
　　　　　　　位権利について、債務者に対して履行をすることを妨げられな
　　　　　　　い（同条後段）。

エ　不適切。債権者は、被代位権利を行使する場合において、被代位権利が
　　　　　　　金銭の支払又は動産の引渡しを目的とするものであるときは、
　　　　　　　相手方に対し、その支払又は引渡しを自己に対してすることを
　　　　　　　求めることができる（423条の3前段）。なお、この場合におい
　　　　　　　て、相手方が債権者に対してその支払又は引渡しをしたときは、
　　　　　　　被代位権利は、これによって消滅する（同条後段）。

オ　不適切。債権者は、被代位権利の行使に係る訴えを提起したときは、遅
　　　　　　　滞なく、債務者に対し、訴訟告知をしなければならない（423条
　　　　　　　の6）。

正解　ウ

問題 48. 詐害行為取消権に関する以下のアからオまでの記述のうち、最も<u>適切ではないもの</u>を１つ選びなさい。

ア．詐害行為取消請求は、訴訟によってしなければならない。

イ．判例によれば、債務者が自己の財産を処分した時点で無資力であっても、債権者が詐害行為取消権を行使する時点で債務者の資力が回復した場合には、当該処分行為に対する詐害行為取消権の行使は認められない。

ウ．受益者が債権者を害すべき事実を知らない場合には、転得者がこの事実を知っていたときであっても、債権者は、転得者に対して詐害行為取消請求をすることができない。

エ．詐害行為取消請求に係る訴えは、債務者が債権者を害することを知って行為をした時から２年を経過したとき、又は行為の時から10年を経過したときは、提起することができない。

オ．債務者が、既存の債務の債権者の一人に対して代物弁済をした場合において、当該代物弁済が過大なものでなければ、他の債権者が詐害行為取消請求をするには、当該債務者が代物弁済をした時点で支払不能であり、かつ当該債務者と当該債権者の一人とが通謀して他の債権者を害する意図をもって当該代物弁済が行われたことが必要である。

解説　詐害行為取消請求

ア　適　切。詐害行為取消請求は、債務者が自由に行うことができる行為を他人が取り消すという重大な結果を生じさせるものであることから、訴訟によってしなければならないこととされている（424条1項本文参照）。

イ　適　切。判例は、債務者が財産を処分した時点で無資力であっても、詐害行為取消権を行使する時点で債務者の資力が回復した場合には、当該処分行為に対する詐害行為取消権の行使は認められないとしている（大判昭 12.2.18 参照）。詐害行為取消権の行使時点で債務者が無資力でないのであれば、債権者を害することはなく、債権者による取消しを認める必要がないからである。

ウ　適　切。債権者が転得者に対して詐害行為取消請求をするためには、転得者が転得の当時、債務者がした行為が債権者を害することを知っていたこと（424条の5第1号）に加えて、受益者が、受益行為の当時、債権者を害することを知っていたことが必要である（424条1項但書）。

エ　不適切。詐害行為取消請求に係る訴えは、債務者が債権者を害することを知って行為をしたことを債権者が知った時から2年を経過したとき、又は行為の時から 10 年を経過したときは、提起することができない（426条）。

オ　適　切。債務者がした既存の債務についての担保の供与又は債務の消滅に関する行為について、債権者は、①その行為が、債務者が支払不能の時に行われたものであること、②その行為が、債務者と受益者とが通謀して他の債権者を害する意図をもって行われたものであることのいずれにも該当する場合に限り、詐害行為取消請求をすることができる（424条の3第1項）。

正解　エ

問題49. 不可分債権・不可分債務に関する以下のアからエまでの記述のうち、最も<u>適切ではない</u>ものを1つ選びなさい。

ア．AがB及びCとの間でB及びCが共同所有する家屋を購入する売買契約を締結した場合に、AがBに対して家屋の引渡しを免除する意思表示をしたときは、AはCに対してその家屋の引渡しを請求することができない。

イ．A及びBが共同でCから家屋を購入する売買契約を締結した場合、AがCに対して履行を請求したときは、請求に基づいて生じる時効の完成猶予の効果は、Bとの関係においても生じる。

ウ．AがB及びCとの間でB及びCが共同所有する家屋を購入する売買契約を締結した場合、Aは、B又はCのいずれか一方に対して、その家屋の引渡しを請求することができる。

エ．A及びBが共同でCから家屋を購入する売買契約を締結したが、その家屋の引渡期日前に、Cの過失によってその家屋が焼失してしまった場合は、A及びBのCに対する債権は、可分債権となる。

## 解説　不可分債権・不可分債務

ア　不適切。AがB及びCとの間でB及びCが共同所有する家屋を購入する売買契約を締結した場合、B及びCのAに対する債務は、家屋の引渡しが性質上不可分であるから、不可分債務となり（430条）、連帯債務の規定（436条以下）が原則として準用されるが、免除については、相対的効力しか有しない（441条）ので、Bに対する免除の効果はCには及ばない。そこで、AはCに対してその家屋の引渡しを請求することができる。

イ　適　切。A及びBが共同でCから家屋を購入する売買契約を締結した場合、A及びBのCに対するその家屋の引渡請求権は、家屋の引渡しが性質上不可分であるから、不可分債権となり、432条が準用されるので（428条）、債権者の一人が債務者に対して履行を請求した場合は、全員が請求したのと同じ効果が生じ、請求に基づいて生じる時効の完成猶予という効果が他の債権者との関係でも生じる。そこで、本記述のようにAがCに対して履行を請求したときは、請求に基づいて生じる時効の完成猶予の効果は、Bとの関係においても生じる。

ウ　適　切。AがB及びCとの間でB及びCが共同所有する家屋を購入する売買契約を締結した場合、B及びCのAに対する債務は、家屋の引渡しが性質上不可分であるから、不可分債務となり（430条）、436条が準用される結果、債権者Aは、不可分債務者の一人に対して、又はすべての不可分債務者に対して、同時又は順次に全部又は一部の履行を請求することができる。そこで、本記述のAは、B又はCのいずれか一方に対して、その家屋の引渡しを請求することができる。

エ　適　切。A及びBが共同でCから家屋を購入する売買契約を締結した場合、A及びBのCに対するその家屋の引渡請求権は、家屋の引渡しが性質上不可分であるから、不可分債権となるが（428条）、その家屋の引渡期日前に、Cの過失によってその家屋が焼失してしまった場合は、A及びBのCに対する債権は、損害賠償請求権という金銭債権となるので、可分債権となる（417条、431条）。

正解　ア

問題 50. A、B 及び C が D に対して連帯して 300 万円の金銭債権を有する（ABC 間の内部分与割合は平等である）場合に関する以下のアからエまでの記述のうち、最も<u>適切ではないもの</u>を 1 つ選びなさい。

ア．A は、弁済期日に、D に対して単独で 300 万円全額の支払を請求することができる。

イ．D が B に対して 300 万円の売買代金債権を有しており、D が 300 万円全額について相殺を援用したときであっても、A 及び C は、弁済期日に、D に対して債務の支払を請求することができる。

ウ．A が D に対して 300 万円の債権全額を免除した場合、B は、弁済期日に、D に対して 200 万円の限度で支払を請求することができる。

エ．C が D を単独で相続した場合、A 及び B は、C に対し、それぞれ 100 万円を分与するよう請求することができる。

## 解説 　連帯債権

ア　適　切。連帯債権が成立した場合、各債権者は、全ての債権者のために全部又は一部の履行を請求することができる（432条）。よって、Aは、弁済期日に、Dに対して単独で300万円全額の支払を請求することができる。

イ　不適切。債務者が連帯債権者の一人に対して債権を有する場合において、その債務者が相殺を援用したときは、その相殺は、他の連帯債権者に対しても、その効力を生ずる（434条）。よって、Dの相殺の援用により、Bに対する300万円の金銭債権は消滅し、A及びCは、弁済期日に、Dに対して債務の支払いを請求することはできない。

ウ　適　切。連帯債権者の一人と債務者との間に免除があったときは、その連帯債権者がその権利を失わなければ分与されるべき利益に係る部分については、他の連帯債権者は、履行を請求することができない（433条）。よって、AがDに対して300万円の債権全額を免除したときは、Bは、弁済期日に、Dに対して、Aに分与されるべき利益である100万円を除いた残りの200万円の限度で支払を請求することができる。

エ　適　切。債務者が債権者を相続した場合、混同が生じる（520条）。そして、連帯債権者の一人と債務者との間に混同があったときは、債務者は、弁済をしたものとみなされる（435条）。よって、CがDを単独で相続した場合、混同が生じ、Cは、300万円の債権を全額受け取ったものとみなされ、A及びBは、連帯債権者間の内部分与割合により、Cに対し、それぞれ100万円を分与するよう請求することができる。

正解　イ

問題 51. 連帯債務に関する以下のアからオまでの記述のうち、最も<u>適切では</u>
<u>ない</u>ものを１つ選びなさい。

ア．連帯債務者の一人に対する履行の請求は、債権者及び他の連帯債
務者の一人が別段の意思を表示したときを除いて、他の連帯債務者
に対して効力を生じない。

イ．連帯債務者の一人が債権者に対して債権を有する場合において、当
該債権を有する連帯債務者が相殺を援用しない間は、その連帯債務
者の負担部分の限度において、他の連帯債務者は、債権者に対して
債務の履行を拒むことができる。

ウ．連帯債務者の一人について法律行為の無効又は取消しの原因が
あっても、他の連帯債務者の債務は、その効力を妨げられない。

エ．連帯債務者の一人が弁済をし、その他自己の財産をもって総債務
者のために共同の免責を得た場合には、その連帯債務者は、その免
責を得た額が自己の負担部分を超えるかどうかにかかわらず、他の
連帯債務者に対し、その免責を得るために支出した財産の額のうち
各自の負担部分に応じた額の求償権を有する。

オ．他の連帯債務者があることを知らずに、連帯債務者の一人が共同
の免責を得ることを他の連帯債務者に通知しないで弁済をし、その
他自己の財産をもって共同の免責を得た場合において、他の連帯債
務者は、債権者に対抗することができる事由を有していたときは、
その負担部分について、その事由をもってその免責を得た連帯債務
者に対抗することができる。

## 解説　　連帯債務

ア　適　切。連帯債務者の一人に対する履行の請求は、債権者及び他の連帯債務者の一人が別段の意思を表示したときを除いて、他の連帯債務者に対して効力を生じない（441条参照）。

イ　適　切。連帯債務者の一人が債権者に対して債権を有する場合において、当該債権を有する連帯債務者が相殺を援用しない間は、その連帯債務者の負担部分の限度において、他の連帯債務者は、債権者に対して債務の履行を拒むことができる（439条2項）。

ウ　適　切。連帯債務者の一人について法律行為の無効又は取消しの原因があっても、他の連帯債務者の債務は、その効力を妨げられない（437条）。

エ　適　切。連帯債務者の一人が弁済をし、その他自己の財産をもって総債務者のために共同の免責を得た場合には、その連帯債務者は、その免責を得た額が自己の負担部分を超えるかどうかにかかわらず、他の連帯債務者に対し、その免責を得るために支出した財産の額のうち各自の負担部分に応じた額の求償権を有する（442条1項）。

オ　不適切。他の連帯債務者があることを知りながら、連帯債務者の一人が共同の免責を得ることを他の連帯債務者に通知しないで弁済をし、その他自己の財産をもって共同の免責を得た場合において、他の連帯債務者は、債権者に対抗することができる事由を有していたときは、その負担部分について、その事由をもってその免責を得た連帯債務者に対抗することができる（443条1項前段）。よって、このような事前通知をしなければならないのは、弁済等をした連帯債務者が、他の連帯債務者の存在を知っていた場合に限られる。

正解　オ

問題 52. 個人による保証に関する以下のアからオまでの記述のうち、最も<u>適切な</u>ものを１つ選びなさい。

ア．行為能力の制限によって取り消すことができる債務を保証した者は、保証契約の時においてその取消しの原因を知らなかったときであっても、主たる債務の不履行の場合又はその債務の取消しの場合においてこれと同一の目的を有する独立の債務を負担したものと推定される。

イ．主たる債務者に対する履行の請求その他の事由による時効の完成猶予及び更新は、保証人に対しては効力を生じないのが原則である。

ウ．判例によれば、特定物売買における売主の保証人は、債務不履行によって売主が買主に対して負担する損害賠償義務について保証の責任を負うが、売主の債務不履行によって契約が解除された場合における原状回復義務については保証の責任を負わない。

エ．債務者が保証人を立てる義務を負う場合、その保証人は、行為能力者でなければならないが、保証人が行為能力者ではなくなったときであっても、債権者は、保証人を行為能力者である者に代えることを請求する権利を有しない。

オ．保証人の負担が債務の目的又は態様において主たる債務より重いときは、主たる債務の限度に減縮され、主たる債務の目的又は態様が保証契約の締結後に加重されたときは、保証人の負担も加重される。

## 解説　　個人による保証

ア　不適切。行為能力の制限によって取り消すことができる債務を保証した者は、保証契約の時においてその取消しの原因を知っていたときは、主たる債務の不履行の場合又はその債務の取消しの場合においてこれと同一の目的を有する独立の債務を負担したものと推定される（449条）。

イ　不適切。主たる債務者に対する履行の請求その他の事由による時効の完成猶予及び更新は、保証人に対しても、その効力を生ずる（457条1項）。

ウ　不適切。判例は、特定物売買における売主の保証人は、債務不履行によって売主が買主に対して負担する損害賠償義務についてはもちろん、特に反対の意思表示のない限り、売主の債務不履行によって契約が解除された場合における原状回復義務についても、保証の責任を負うとしている（最判昭40.6.30）。

エ　適　切。債務者が保証人を立てる義務を負う場合には、その保証人は、行為能力者であること、及び弁済をする資力を有することという要件を具備する者でなければならない（450条1項）。そして、保証人が、弁済をする資力を有することという要件を欠くに至ったときは、債権者は、弁済をする資力を有する者をもってこれに代えることを請求することができるのに対し（同条2項）、保証人が行為能力者ではなくなったときについては、債権者には、行為能力者である者に代えることを請求する権利は認められない。

オ　不適切。保証人の負担が債務の目的又は態様において主たる債務より重いときは、保証人の負担は主たる債務の限度に減縮される（448条1項）。また、主たる債務の目的又は態様が保証契約の締結後に加重されたときであっても、保証人の負担は加重されない（同条2項）。

正解　エ

問題 53. 根保証契約に関する以下のアからエまでの記述のうち、最も<u>適切な</u>ものを１つ選びなさい。

ア．保証人が個人である根保証契約においては、極度額の定めがなくても、根保証契約は有効に成立する。

イ．保証人が個人である根保証契約であって、その主たる債務の範囲に金銭の貸渡しによって負担する債務が含まれている、いわゆる個人貸金等根保証契約において、主たる債務の元本確定期日が、当該個人貸金等根保証契約の締結の日から 3 年を経過する日より後の日と定められているときは、その元本確定期日の定めは、効力を生じない。

ウ．保証人が法人である根保証契約においては、極度額の定めがなくとも根保証契約は有効に成立し、当該根保証契約から発生する求償権を主債務とし、保証人が個人である保証契約についても有効に成立する。

エ．主たる債務の範囲に事業のために負担する貸金等債務が含まれる根保証契約においては、保証人が個人である場合、その契約の締結に先立ち、その締結の日前１か月以内に作成された公正証書で保証人になろうとする者が保証債務を履行する意思を表示していなければ、その効力を生じない。

**解説**　根保証契約

ア　不適切。個人根保証契約においては、極度額を定めなければ、その効力を生じない（465条の2第2項）。

イ　不適切。個人根保証契約であって、その主たる債務の範囲に金銭の貸渡し又は手形の割引を受けることによって負担する債務が含まれもの（個人貸金等根保証契約）において、主たる債務の元本確定期日が、当該個人貸金等根保証契約の締結の日から5年を経過する日より後の日と定められているときは、その元本確定期日の定めは、効力を生じない（465条の3第1項）。

ウ　不適切。保証人が法人である根保証契約においては、極度額の定めがなくとも、根保証契約自体は有効に成立するが（465条の2第1項参照）、極度額の定めがないときは、その根保証契約の保証人の主たる債務者に対する求償権に係る債務を主たる債務とする保証契約は、その効力を生じない（465条の5第1項）。

エ　適　切。事業のために負担した貸金等債務を主たる債務とする保証契約又は主たる債務の範囲に事業のために負担する貸金等債務が含まれる根保証契約においては、保証人が個人である場合、その契約の締結に先立ち、その締結の日前1か月以内に作成された公正証書で保証人になろうとする者が保証債務を履行する意思を表示していなければ、その効力を生じない（465条の6第1項）。

正解　エ

問題 54. 債権譲渡に関する以下のアからオまでの記述のうち、最も<u>適切ではないもの</u>を1つ選びなさい。

ア. 債権が譲渡された場合において、その意思表示の時に債権が現に発生していなくても、譲受人は、発生した債権を当然に取得する。

イ. 譲渡制限の意思表示がされた債権が差し押さえられた場合、当該債権の債務者は、差押債権者に対して、譲渡制限の意思表示がされたことを理由としてその債務の履行を拒むことはできない。

ウ. 譲渡制限の意思表示がされた債権が譲渡された場合、当該債権の債務者は、当該譲渡制限の意思表示がされたことを軽過失によって知らなかった譲受人に対して、譲渡制限の意思表示がされたことを理由としてその債務の履行を拒むことができる。

エ. 判例によれば、債権が二重に譲渡された場合、譲受人相互の間の優劣は、債権譲渡の通知が譲受人に到達した日時又は承諾の日時の先後によって決せられる。

オ. 第1の債権譲渡について確定日付のない通知がなされ、債務者がその譲受人に弁済することによって債権が消滅した後に、第2の債権譲渡が行われて確定日付のある証書による通知がなされた場合、第2の債権譲渡は無効であり、第2の債権の譲受人は債権を取得することができない。

解説　債権譲渡

ア　適　切。債権が譲渡された場合において、その意思表示の時に債権が現
　　　　　　に発生していないときは、譲受人は、発生した債権を当然に取
　　　　　　得する（466 条の 6 第 2 項）。

イ　適　切。譲渡制限の意思表示がされたことを知り、又は重大な過失に
　　　　　　よって知らなかった譲受人その他の第三者に対しては、債務者
　　　　　　は、その債務の履行を拒むことができ、かつ、譲渡人に対する
　　　　　　弁済その他の債務を消滅させる事由をもってその第三者に対抗
　　　　　　することができる（466 条 3 項）。ただし、この規定は、譲渡制
　　　　　　限の意思表示がされた債権に対する強制執行をした差押債権者
　　　　　　に対しては、適用されない（466 条の 4 第 1 項）。

ウ　不適切。当事者が債権の譲渡制限の意思表示をしたときであっても、債
　　　　　　権の譲渡は有効であり（466 条 2 項）、当該債権の債務者は、譲
　　　　　　渡制限の意思表示がされたことを知り、又は重大な過失によっ
　　　　　　て知らなかった譲受人その他の第三者に対しては、その債務の
　　　　　　履行を拒むことができ、かつ、譲渡人に対する弁済その他の債
　　　　　　務を消滅させる事由をもってその第三者に対抗することができ
　　　　　　る（同条 3 項）。よって、軽過失によって譲渡制限の意思表示が
　　　　　　されたことを知らなかった譲受人は、譲渡制限の意思表示がさ
　　　　　　れたことを理由としてその債務の履行を拒むことができない。

エ　適　切。判例は、債権が二重に譲渡された場合、譲受人相互の間の優劣
　　　　　　は、債権譲渡の通知が譲受人に到達した日時又は承諾の日時の
　　　　　　先後によって決するとしている（最判昭 49.3.7）。

オ　適　切。判例は、第 1 の債権譲渡について確定日付のない通知がなさ
　　　　　　れ、債務者がその譲受人に弁済することによって債権が消滅し
　　　　　　た後に、第 2 の債権譲渡が行われて確定日付のある証書による
　　　　　　通知がなされた場合、第 2 の債権譲渡は、既に消滅した債権の
　　　　　　譲渡として無効であり、第 2 の債権の譲受人は債権を取得しな
　　　　　　いとしている（大判昭 7.12.6）。

正解　ウ

問題 55. 債務引受に関する以下のアからエまでの記述のうち、最も<u>適切では
ない</u>ものを１つ選びなさい。

　ア．併存的債務引受における債務者が債権者に対して取消権又は解除
　　　権を有するときは、引受人は、これらの権利の行使によって債務者
　　　がその債務を免れるべき限度において、債権者に対して債務の履行
　　　を拒むことができる。

　イ．併存的債務引受の引受人は、債務者と連帯して、債務者が債権者に
　　　対して負担する債務と同一の内容の債務を負担する。

　ウ．免責的債務引受における引受人は、引き受けた債務を弁済した場
　　　合、債務者に対して求償することができる。

　エ．免責的債務引受における債務者が、債権者に対して取消権又は解
　　　除権を有するときは、引受人は、免責的債務引受がなければこれら
　　　の権利の行使によって債務者がその債務を免れることができた限
　　　度において、債権者に対して債務の履行を拒むことができる。

**解説**　債務引受

ア　適　切。併存的債務引受における債務者が債権者に対して取消権又は解除権を有するときは、引受人は、これらの権利の行使によって債務者がその債務を免れるべき限度において、債権者に対して債務の履行を拒むことができる（471条2項）。

イ　適　切。併存的債務引受の引受人は、債務者と連帯して、債務者が債権者に対して負担する債務と同一の内容の債務を負担する（470条1項）。

ウ　不適切。免責的債務引受の引受人は、債務者に対して求償権を取得しない（472条の3）。

エ　適　切。免責的債務引受における債務者が、債権者に対して取消権又は解除権を有するときは、引受人は、免責的債務引受がなければこれらの権利の行使によって債務者がその債務を免れることができた限度において、債権者に対して債務の履行を拒むことができる（472条の2第2項）。

正解　ウ

問題 56. 弁済に関する以下のアからエまでの記述のうち、最も<u>適切ではない</u>ものを１つ選びなさい。

ア．債権の目的が特定物の引渡しである場合において、契約その他の債権の発生原因及び取引上の社会通念に照らしてその引渡しをすべき時の品質を定めることができないときは、弁済をする者は、その引渡しをすべき時の現状でその物を引き渡す必要がある。

イ．弁済の費用について別段の意思表示がないときは、その費用は、債務者が負担するが、債権者が住所の移転その他の行為によって弁済の費用を増加させたときは、その増加額は、債権者が負担する。

ウ．弁済をするについて正当な利益を有する者でない第三者は、債務者の意思に反して弁済をすることができず、債務者の意思に反することを債権者が知らなかったときであっても、弁済は有効にならない。

エ．債権者の預金又は貯金の口座に対する払込みによってする弁済は、債権者がその預金又は貯金に係る債権の債務者に対してその払込みに係る金額の払戻しを請求する権利を取得した時に、その効力が生じる。

**解説**　　弁済

ア　適　切。債権の目的が特定物の引渡しである場合において、契約その他の債権の発生原因及び取引上の社会通念に照らしてその引渡しをすべき時の品質を定めることができないときは、弁済をする者は、その引渡しをすべき時の現状でその物を引き渡さなければならない（483 条）。

イ　適　切。弁済の費用について別段の意思表示がないときは、その費用は、債務者の負担となる。ただし、債権者が住所の移転その他の行為によって弁済の費用を増加させたときは、その増加額は、債権者の負担となる（485 条）。

ウ　不適切。弁済をするについて正当な利益を有する者でない第三者は、債務者の意思に反して弁済をすることができない。ただし、債務者の意思に反することを債権者が知らなかったときは、この限りでない（474 条 2 項）。

エ　適　切。債権者の預金又は貯金の口座に対する払込みによってする弁済は、債権者がその預金又は貯金に係る債権の債務者に対してその払込みに係る金額の払戻しを請求する権利を取得した時に、その効力を生ずる（477 条）。

正解　ウ

問題 57. 相殺に関する以下のアからエまでの記述のうち、最も<u>適切ではない</u>ものを1つ選びなさい。

ア. 判例によれば、注文者が請負人に対して有する仕事の目的物の瑕疵の修補に代わる損害賠償請求権の権利行使期間が経過した後は、この期間経過前に当該損害賠償請求権と請負人の注文者に対する請負代金請求権とが相殺適状に達していた場合であっても、注文者は、損害賠償債権を自働債権とし、請負代金債権を受働債権とする相殺をすることはできない。

イ. 債権者が債務者に対して有する債権に、一個の債権の弁済として数個の給付をすべきものがある場合において、債権者が債務者に対して負担する債務について、債権者が相殺する旨の意思表示をしたときは、当事者間で別段の合意がなければ、相殺適状が生じた時期の順序に従って、その対当額について相殺によって消滅する。

ウ. 相殺は、双方の債務の履行地が異なるときであってもすることはできるが、相殺をする当事者は、相手方に対し、これによって生じた損害を賠償しなければならない。

エ. 悪意による不法行為に基づく損害賠償債権は、受働債権として相殺することはできないが、自働債権として相殺することはできる。

## 解説　　相殺

ア　不適切。判例は、注文者が請負人に対して有する仕事の目的物の瑕疵の修補に代わる損害賠償請求権の権利行使期間が経過した後であっても、この期間経過前に当該損害賠償請求権と請負人の注文者に対する請負代金請求権とが相殺適状に達していた場合には、508 条の類推適用により、注文者は、損害賠償債権を自働債権とし、請負代金債権を受働債権とする相殺をすることができるとしている（最判昭 51.3.4）。

イ　適　切。債権者が債務者に対して有する債権に、一個の債権の弁済として数個の給付をすべきものがある場合において、債権者が債務者に対して負担する債務について、債権者が相殺する旨の意思表示をしたときは、当事者間で別段の合意がなければ、相殺適状が生じた時期の順序に従って、その対当額について相殺によって消滅する（512 条の 2、512 条 1 項前段）。

ウ　適　切。相殺は、双方の債務の履行地が異なるときであってもすることができる（507 条前段）。この場合において、相殺をする当事者は、相手方に対し、これによって生じた損害を賠償しなければならない（同条後段）。

エ　適　切。悪意による不法行為に基づく損害賠償債権は、受働債権としては相殺することはできないが（509 条 1 号）、同規定の反対解釈により、自働債権として相殺することはできると考えられている。

正解　ア

問題 58. 相殺に関する以下のアからエまでの記述のうち、最も<u>適切</u>なものを
1つ選びなさい（争いがある場合は、判例による）。

ア．相殺適状にあるためには、自働債権については弁済期が到来してい
なければならないが、受働債権については債務者が期限の利益を放
棄できない事由のない限り、期限の利益を放棄する意思表示をしな
くても、直ちに相殺することができる。

イ．人の生命又は身体の侵害による不法行為に基づく損害賠償請求権の
うち、故意がなく過失があるにすぎない不法行為に基づくものにつ
いては、原則として、これを受働債権とする相殺は禁止されていな
い。

ウ．差押えを受けた債権の第三債務者は、差押え後に取得した債権によ
る相殺をもって差押債権者に対抗することはできる。

エ．同時履行の抗弁権が付着する債権は、これを自働債権として相殺す
ることができる。

**解説**　　相　殺

ア　適　切。相殺適状にあるためには、自働債権については弁済期が到来していなければならない（505条1項）が、受働債権については債務者が期限の利益を放棄できない事由のない限り、期限の利益を放棄する意思表示をしなくても、直ちに相殺することができる（大判昭8.5.30）。

イ　不適切。不法行為等により生じた債権を受働債権とする相殺は禁止されているが、その債権は、「悪意による不法行為に基づく損害賠償の債務」（509条1号）及び「人の生命又は身体の侵害による損害賠償の債務」（509条2号）に限られている。人の生命又は身体の侵害による不法行為に基づく損害賠償請求権については、それが、故意がなく過失があるにすぎないものであっても、509条2号により、これを受働債権とする相殺は禁止されている。ただし、その債権者がその債務に係る債権を他人から譲り受けたときは、相殺は禁止されない。（509条ただし書）。

ウ　不適切。差押えを受けた債権の第三債務者は、差押え後に取得した債権による相殺をもって差押債権者に対抗することはできないが、差押え前に取得した債権による相殺をもって対抗することができる（511条1項）。

エ　不適切。同時履行の抗弁権が付着する債権を自働債権として相殺すれば、相手方が理由もなく抗弁権を喪失するため禁止されている（大判昭13.3.1）。

正解　ア

問題 59. 契約の成立に関する以下のアからオまでの記述のうち、最も<u>適切で</u><u>はないもの</u>を１つ選びなさい。

ア．何人も、法令に特別の定めがある場合を除き、契約をするかどうかを自由に決定することができ、契約の当事者は、法令の制限内において、契約の内容を自由に決定することができる。

イ．承諾の期間を定めて申込みをした者は、原則として、その承諾期間内であれば、相手方が承諾の意思表示をする前に申込みを撤回することができる。

ウ．承諾の期間を定めないでした申込みは、例外的な場合を除き、申込者が承諾の通知を受けるのに相当な期間を経過するまでは、撤回することができない。

エ．申込者が申込みの通知を発した後に死亡し、意思能力を有しない常況にある者となり、又は行為能力の制限を受けた場合において、申込者がその事実が生じたとすればその申込みは効力を有しない旨の意思を表示していたとき、又はその相手方が承諾の通知を発するまでにその事実が生じたことを知ったときは、その申込みは、その効力を有しない。

オ．承諾期間の定めの有無にかかわらず、承諾者が、申込みに条件を付し、その他変更を加えてこれを承諾したときは、その申込みの拒絶とともに新たな申込みをしたものとみなされる。

**解説**　契約の成立

ア　適　切。何人も、法令に特別の定めがある場合を除き、契約をするかどうかを自由に決定することができ（521条1項）、契約の当事者は、法令の制限内において、契約の内容を自由に決定することができる（同条2項）。

イ　不適切。承諾の期間を定めてした申込みは、撤回することができない。ただし、申込者が撤回をする権利を留保したときは、この限りでない（523条1項）。

ウ　適　切。承諾の期間を定めないでした申込みは、例外的な場合を除き、申込者が承諾の通知を受けるのに相当な期間を経過するまでは、撤回することができない（525条1項）。

エ　適　切。申込者が申込みの通知を発した後に死亡し、意思能力を有しない常況にある者となり、又は行為能力の制限を受けた場合において、申込者がその事実が生じたとすればその申込みは効力を有しない旨の意思を表示していたとき、又はその相手方が承諾の通知を発するまでにその事実が生じたことを知ったときは、その申込みは、その効力を有しない（526条）。

オ　適　切。承諾期間の定めの有無にかかわらず、承諾者が、申込みに条件を付し、その他変更を加えてこれを承諾したときは、その申込みの拒絶とともに新たな申込みをしたものとみなされる（528条）。

正解　イ

問題 60. 同時履行の抗弁権に関する以下のアからエまでの記述のうち、最も
　　　　適切ではないものを１つ選びなさい。

ア．同時履行の抗弁権は、双務契約の相手方以外の第三者に対して行
　　使することはできない。

イ．同時履行の抗弁権は、双務契約の双方の債務が弁済期にないとき
　　は、行使することができない。

ウ．双務契約の当事者の一方は、自己の債務の履行に代えて、相当の担
　　保を供することによって、同時履行の抗弁権の消滅を請求すること
　　ができる。

エ．売買契約において売買の目的物が売主の責めに帰すべき事由によ
　　り滅失した場合、売主の引渡債務は履行不能になり、買主は売主に
　　対して履行に代わる損害賠償を請求することができ、買主の履行に
　　代わる損害賠償請求権と売主の代金請求権とは、同時履行の関係に
　　立つ。

**解説**　同時履行の抗弁権

ア　適　切。同時履行の抗弁権は、双務契約の相手方に対してのみ行使することができるものであり、第三者に対しては行使することはできない。

イ　適　切。同時履行の抗弁権は、双務契約の双方の債務が弁済期にないときは、行使することができない（533条但書）。

ウ　不適切。双務契約の当事者の一方は、自己の債務の履行に代えて相当の担保を供することによって、同時履行の抗弁権の消滅を請求することはできない。

エ　適　切。売買契約において売買の目的物が売主の責めに帰すべき事由により滅失した場合、売主の引渡債務は履行不能になり、買主は売主に対して履行に代わる損害賠償を請求することができる（415条2項1号）。533条は、「債務の履行」にかっこ書をつけて「債務の履行に代わる損害賠償の債務の履行を含む」としていることから、買主の履行に代わる損害賠償請求権と売主の代金請求権は、同時履行の関係に立つといえる。

正解　ウ

問題 61. 第三者のためにする契約に関する以下のアからエまでの記述のう
ち、最も<u>適切ではない</u>ものを1つ選びなさい。

ア. 契約により当事者の一方が第三者に対してある給付をすることを
約したときは、その第三者は、債務者に対して直接にその給付を請
求する権利を有する。

イ. 第三者のためにする契約において、第三者の権利は、第三者が債務
者に対して受益の意思表示をした時に発生する。

ウ. 第三者のためにする契約は、その成立の時に第三者が現に存在し
ない場合や、第三者が特定していない場合には、効力を生じない。

エ. 第三者が受益の意思表示をしたにもかかわらず、債務者が第三者
に対して債務を履行しない場合において、相手方が契約を解除する
には、第三者の承諾を得る必要がある。

**解説** 　第三者のためにする契約

ア　適　切。契約により当事者の一方が第三者に対してある給付をすること
　　　　　　を約したときは、その第三者は、債務者に対して直接にその給
　　　　　　付を請求する権利を有する（537条1項）。

イ　適　切。第三者のためにする契約において、第三者の権利は、第三者が
　　　　　　債務者に対して受益の意思表示をした時に発生する（537条3
　　　　　　項）。

ウ　不適切。第三者のためにする契約は、その成立の時に第三者が現に存し
　　　　　　ない場合又は第三者が特定していない場合であっても、そのた
　　　　　　めにその効力を妨げられない（537条2項）。

エ　適　切。第三者が受益の意思表示をしたにもかかわらず、債務者が第三
　　　　　　者に対して債務を履行しない場合において、相手方が契約を解
　　　　　　除するには、第三者の承諾を得る必要がある（538条2項）。

正解　ウ

問題 62. 契約の解除に関する以下のアからオまでの記述のうち、最も<u>適切で</u><u>はないもの</u>を1つ選びなさい。

ア. 当事者の一方がその債務を履行しない場合において、相手方が相当の期間を定めてその履行の催告をし、その期間内に履行がないときであっても、その期間を経過した時における債務の不履行がその契約および取引上の社会通念に照らして軽微であるときは、相手方は解除をすることはできない。

イ. 契約または法律の規定により当事者の一方が解除権を有するときは、その解除は、相手方に対する意思表示によって行うが、この解除の意思表示は、撤回することができない。

ウ. 当事者の一方がその解除権を行使したときは、各当事者は、その相手方を原状に復させる義務を負い、当事者の一方が相手方に金銭を返還するときは、その受領の時から利息を付さなければならず、金銭以外の物を返還するときは、その受領の時以後に生じた果実も返還しなければならない。

エ. 解除権を有する者が故意又は過失によって契約の目的物を著しく損傷したときは、解除権を有する者がその解除権を有することを知っていたかどうかにかかわらず、解除権は消滅する。

オ. 解除権の行使について期間の定めがないときは、相手方は、解除権を有する者に対し、相当の期間を定めて、その期間内に解除をするかどうかを確答すべき旨の催告をすることができ、その期間内に解除の通知を受けないときは、解除権は消滅する。

## 解説　契約の解除

ア　適　切。当事者の一方がその債務を履行しない場合において、相手方が相当の期間を定めてその履行の催告をし、その期間内に履行がないときは、相手方は、契約の解除をすることができる。ただし、その期間を経過した時における債務の不履行がその契約および取引上の社会通念に照らして軽微であるときは、この限りでない（民法541条）。

イ　適　切。契約又は法律の規定により当事者の一方が解除権を有するときは、その解除は、相手方に対する意思表示によって行う（540条1項）。この解除の意思表示は、撤回することができない（同条2項）。

ウ　適　切。当事者の一方がその解除権を行使したときは、各当事者は、その相手方を原状に復させる義務を負う（545条1項本文）。この場合において、当事者の一方が相手方に金銭を返還するときは、その受領の時から利息を付さなければならず（同条2項）、金銭以外の物を返還するときは、その受領の時以後に生じた果実をも返還しなければならない（同条3項）。

エ　不適切。解除権を有する者が故意もしくは過失によって契約の目的物を著しく損傷し、もしくは返還することができなくなったとき、又は加工もしくは改造によってこれを他の種類の物に変えたときは、解除権は消滅する。ただし、解除権を有する者がその解除権を有することを知らなかったときは、解除権は消滅しない（548条）。

オ　適　切。解除権の行使について期間の定めがないときは、相手方は、解除権を有する者に対し、相当の期間を定めて、その期間内に解除をするかどうかを確答すべき旨の催告をすることができる。この場合において、その期間内に解除の通知を受けないときは、解除権は消滅する（547条）。

正解　エ

問題 63. 定型約款に関する以下のアからエまでの記述のうち、最も<u>適切では</u><u>ない</u>ものを１つ選びなさい。

ア．定型約款とは、定型取引（ある特定の者が不特定多数の者を相手方として行う取引であって、その内容の全部又は一部が画一的であることがその双方にとって合理的なものをいう。）において、契約の内容とすることを目的としてその特定の者により準備された条項の総体をいう。

イ．定型取引を行うことの合意をした者は、定型約款を契約の内容とする旨の合意をしたときであっても、定型約款を準備した者（定型約款準備者）があらかじめその定型約款を契約の内容とする旨を相手方に表示していたときでなければ、定型約款の個別の条項についても合意をしたものとはみなされない。

ウ．定型取引を行い、又は行おうとする定型約款準備者は、定型取引合意の前又は定型取引合意の後相当の期間内に相手方から請求があった場合には、原則として、遅滞なく、相当な方法でその定型約款の内容を示さなければならない。

エ．定型約款準備者は、定型約款の変更が相手方の一般の利益に適合するときには、定型約款の変更をすることにより、変更後の定型約款の条項について合意があったものとみなし、個別に相手方と合意をすることなく契約の内容を変更することができる。

解説　　定型約款

ア　適　切。定型約款とは、定型取引（ある特定の者が不特定多数の者を相
　　　　　　手方として行う取引であって、その内容の全部又は一部が画一
　　　　　　的であることがその双方にとって合理的なものをいう。）におい
　　　　　　て、契約の内容とすることを目的としてその特定の者により準
　　　　　　備された条項の総体をいう（548条の2第1項）。

イ　不適切。定型取引を行うことの合意をした者は、①定型約款を契約の内
　　　　　　容とする旨の合意をしたとき、又は、②定型約款を準備した者
　　　　　　（定型約款準備者）があらかじめその定型約款を契約の内容と
　　　　　　する旨を相手方に表示していたときは、定型約款の個別の条項
　　　　　　についても合意をしたものとみなされる（548条の2第1項）。
　　　　　　よって、①に該当するのであれば、②に該当しなくても、定型
　　　　　　約款の個別の条項についても合意をしたものとみなされること
　　　　　　となる。

ウ　適　切。定型取引を行い、又は行おうとする定型約款準備者は、定型取
　　　　　　引合意の前又は定型取引合意の後相当の期間内に相手方から請
　　　　　　求があった場合には、原則として、遅滞なく、相当な方法でそ
　　　　　　の定型約款の内容を示さなければならない。ただし、定型約款
　　　　　　準備者が既に相手方に対して定型約款を記載した書面を交付し、
　　　　　　又はこれを記録した電磁的記録を提供していたときは、この限
　　　　　　りでない（548条の3第1項）。

エ　適　切。定型約款準備者は、①定型約款の変更が、相手方の一般の利益
　　　　　　に適合するとき、又は、②定型約款の変更が、契約をした目的
　　　　　　に反せず、かつ、変更の必要性、変更後の内容の相当性、この
　　　　　　条の規定により定型約款の変更をすることがある旨の定めの有
　　　　　　無及びその内容その他の変更に係る事情に照らして合理的なも
　　　　　　のであるときには、定型約款の変更をすることにより、変更後
　　　　　　の定型約款の条項について合意があったものとみなし、個別に
　　　　　　相手方と合意をすることなく契約の内容を変更することができ
　　　　　　る（548条の4第1項）。

正解　イ

問題 64. 贈与に関する以下のアからオまでの記述のうち、最も<u>適切ではな</u><u>い</u>ものを１つ選びなさい（争いがある場合は、判例による）。

ア．書面によらないで不動産の贈与がされた場合において、移転登記が されたときは、引渡しがなくとも履行が終わったものとされ、贈与 者は、贈与を解除することができない。

イ．負担付き贈与については、贈与者は、その負担の限度において、売 主と同じく担保責任を負い、また、その性質に反しない限り、負担 付き贈与には双務契約に関する規定が準用される。

ウ．贈与者は、贈与の目的である物又は権利を、贈与の目的として特 定した時の状態で引き渡し、又は移転することを約したものと推定 される。

エ．書面によらないで死因贈与がされた場合、贈与者は、その贈与を 撤回することができない。

オ．定期の給付を目的とする贈与は、贈与者又は受贈者が死亡すると、 その効力を失う。

解説　　|贈与|

ア　適　切。書面によらない贈与は、履行の終わった部分を除いて、各当事
　　　　　者が解除をすることができる（550条）。そして、判例は、書面
　　　　　によらないで登記済みの不動産の贈与がされた場合において、
　　　　　その移転登記がされたときは、引渡しがなくとも履行が終わっ
　　　　　たものとされるとし、贈与者は、贈与を解除することができな
　　　　　いとしている（最判昭40.3.26）。

イ　適　切。負担付き贈与については、贈与者は、その負担の限度におい
　　　　　て、売主と同じく担保責任を負う（551条2項）。また、負担付
　　　　　贈与については、その性質に反しない限り、双務契約に関する
　　　　　規定が準用される（553条）。

ウ　適　切。贈与者は、贈与の目的である物又は権利を、贈与の目的として
　　　　　特定した時の状態で引き渡し、又は移転することを約したもの
　　　　　と推定する（551条1項）。

エ　不適切。死因贈与、すなわち贈与者の死亡によって効力を生ずる贈与に
　　　　　ついては、その性質に反しない限り、遺贈に関する規定が準用
　　　　　される（554条）ところ、遺贈は、いつでも撤回することがで
　　　　　きるとされている（1022条）。そして、判例は、死因贈与につ
　　　　　いては、遺言の撤回に関する1022条がその方式に関する部分
　　　　　を除いて準用されるとしている（最判昭47.5.25）。従って、死
　　　　　因贈与は、書面によるか否かにかかわらず、いつでも撤回する
　　　　　ことができる。

オ　適　切。定期の給付を目的とする贈与は、贈与者又は受贈者の死亡に
　　　　　よって、その効力を失う（552条）。

|正解　エ|

問題 65. 手付に関する以下のアからオまでの記述のうち、最も<u>適切な</u>ものを
1 つ選びなさい。

ア. 買主と売主との間で、手付とは無関係に売買契約が合意解除され
た場合、特約がない限り、売主は買主に対して、手付を返還する必
要はない。

イ. 売買における手付は、原則として違約手付であると推定される。

ウ. 違約手付が交付された場合に買主に債務不履行があるときは、売
主は手付を没収することができるが、さらに損害があるときであっ
ても、手付の没収に加えて、買主にその損害の賠償を請求すること
は認められない。

エ. 買主は、自ら履行に着手した後は、売主が履行に着手する前であっ
ても、売主に交付した手付を放棄して解約手付による売買契約の解
除をすることができない。

オ. 売主が解約手付による売買契約の解除をする場合、買主に対し、売
主が買主から受領した手付の倍額を提供する旨を口頭で告げるの
みでは足りず、手付の倍額を買主に対して現実に提供しなければな
らない。

**解説**　手付

ア　不適切。解約手付が交付されている場合において、手付と無関係に売買契約が合意解除されたときは、特約がない限り、手付を返還しなければならない（大判昭 11.8.10）。

イ　不適切。売買における手付は、反対の証拠がない限り、解約手付であると推定される（民法 557 条 1 項参照）。

ウ　不適切。違約手付が交付された場合、買主に債務不履行があるときは、売主によって手付が没収される。この場合、個別の違約手付の解釈によって、手付が債務不履行に基づく損害賠償（415 条）に代えて没収される「損害賠償額の予定」（420 条）ではなく、手付の没収に加えて債務不履行に基づく損害賠償請求もすることができる「違約罰」に該当すると考えられるときは、手付の没収に加えて買主にその損害の賠償を請求することが認められる。

エ　不適切。買主が売主に手付を交付したときは、買主は、売主が契約の履行に着手するまでは、その手付を放棄して、売買契約を解除することができる（557 条 1 項）。

オ　適　切。売主が解約手付による売買契約の解除をする場合、手付の倍額を買主に対して現実に提供しなければならない（557 条 1 項本文）。

正解　オ

問題 66. 売買に関する以下のアからオまでの記述のうち、最も<u>適切な</u>ものを
　　　　１つ選びなさい。

ア．売買は、当事者の一方がある財産権を相手方に移転し、相手方が
　　これに対してその代金を支払うことによって、その効力を生ずる。

イ．まだ引き渡されていない売買の目的物に果実が生じたときは、その
　　果実は、買主に帰属する。

ウ．売買の目的物の引渡しと同時に代金を支払うべきときは、買主は、
　　その目的物の引渡し場所において代金を支払わなければならない。

エ．売買契約に関する費用は、特約がない限り、買主が負担する。

オ．買主は、代金の支払について期限が定められており、その期限が
　　到来する前であっても、売買目的物の引渡しを受けたときは、その
　　引渡しの日から、代金の利息を支払う義務を負う。

**解説**　売買

ア　不適切。売買は、当事者の一方がある財産権を相手方に移転することを
　　　　　　約し、相手方がこれに対してその代金を支払うことを約するこ
　　　　　　とによって、その効力を生ずる、諾成契約である（555条）。

イ　不適切。まだ引き渡されていない売買の目的物に果実が生じたときは、
　　　　　　その果実は、売主に帰属する（575条1項）。

ウ　適　切。売買の目的物の引渡しと同時に代金を支払うべきときは、その
　　　　　　引渡しの場所において代金を支払わなければならない（574条）。

エ　不適切。売買契約に関する費用は、当事者双方が等しい割合で負担する
　　　　　　（558条）。

オ　不適切。買主は、引渡しの日から、代金の利息を支払う義務を負う。た
　　　　　　だし、代金の支払について期限があるときは、その期限が到来
　　　　　　するまでは、利息を支払うことを要しない（575条2項）。

正解　ウ

問題 67. 買戻しに関する以下のアからエまでの記述のうち、最も<u>適切ではな</u>
<u>い</u>ものを１つ選びなさい。

ア．不動産の売主は、不動産の売買契約と同時にした買戻しの特約に
　　より、買主が支払った代金（別段の合意をした場合にあっては、そ
　　の合意により定めた金額）及び契約の費用を返還して、売買の解除
　　をすることができる。

イ．買戻しの期間は、10 年を超えることができず、特約でこれより長
　　い期間を定めたときは、その期間は 10 年とされる。

ウ．買戻しについて期間を定めたときであっても、その後に当事者の
　　合意によってその期間を伸長することができる。

エ．売主は、買戻し期間内に代金及び契約の費用を提供しなければ、
　　買戻しをすることができないが、不動産の果実と代金の利息は、当
　　事者が別段の意思を表示しない限り、相殺したものとみなされる。

解説 　買戻し

ア　適　切。不動産の売主は、売買契約と同時にした買戻しの特約により、買主が支払った代金（別段の合意をした場合にあっては、その合意により定めた金額）及び契約の費用を返還して、売買の解除をすることができる（579条）。

イ　適　切。買戻しの期間は、10年を超えることができず、特約でこれより長い期間を定めたときは、その期間は10年とされる（580条1項）。

ウ　不適切。買戻しについて期間を定めたときは、その後にこれを伸長することができない（580条2項）。

エ　適　切。売主は、買戻し期間内に代金及び契約の費用を提供しなければ、買戻しをすることができないが（583条1項）、不動産の果実と代金の利息は、当事者が別段の意思を表示しない限り、相殺したものとみなされる（579条後段）。

正解　ウ

問題 68. 消費貸借に関する以下のアからオまでの記述のうち、最も<u>適切な</u>ものを 1 つ選びなさい。

ア．消費貸借の貸主から引き渡された目的物が、種類又は品質に関して契約の内容に適合しないものであるときであっても、借主は、引き渡された目的物に代わってその目的物の価額を返還することはできない。

イ．消費貸借の当事者が返還の時期を定めたときは、借主は、その返還の時期よりも前に返還をすることができない。

ウ．消費貸借の当事者が返還の時期を定めなかったときは、貸主は、いつでも、直ちに借主に目的物を返還するよう請求することができる。

エ．書面でする消費貸借の借主は、貸主から金銭その他の物を受け取るまで、消費貸借契約を解除することができる。

オ．金銭その他の物を給付する義務を負う者がある場合において、当事者がその物を消費貸借の目的とする旨の特約をしたときであっても、これによって消費貸借が成立したものとみなすことはできない。

## 解説　消費貸借

ア　不適切。消費貸借において、貸主から引き渡された目的物が種類又は品質に関して契約の内容に適合しないものであるときは、借主は、引き渡された目的物に代わってその目的物の価額を返還することができる（590条2項）。

イ　不適切。消費貸借の借主は、返還の時期の定めの有無にかかわらず、いつでも返還をすることができる（591条2項）。

ウ　不適切。当事者が返還の時期を定めなかったときは、貸主は、相当の期間を定めて返還の催告をすることができる（591条1項）。

エ　適　切。書面でする消費貸借の借主は、貸主から金銭その他の物を受け取るまで、契約の解除をすることができる（587条の2第2項前段）。

オ　不適切。金銭その他の物を給付する義務を負う者がある場合において、当事者がその物を消費貸借の目的とすることを約したときは、消費貸借は、これによって成立したものとみなされる（588条、準消費貸借）。

正解　エ

問題 69. A が B との間で、A 所有の甲建物を B に使用させる旨の使用貸借契約を締結した場合に関する以下のアからエまでの記述のうち、最も<u>適切な</u>ものを 1 つ選びなさい。

ア．B が甲建物について通常の必要費を支出したときは、その支出した必要費について A から償還を受けることができる。

イ．AB 間で使用貸借契約の期間を定めなかった場合において、甲建物の使用及び収益の目的を定めたときは、B がその目的に従い B が使用及び収益をするのに足りる期間を経過すれば、B が実際にその使用及び収益を終える前であっても、A は B との間の使用貸借契約を解除することができる。

ウ．B は、A の承諾を得ることなく、甲建物を第三者に使用させることができる。

エ．B が死亡した場合でも、AB 間の使用貸借は原則として終了せず、存続する。

解説　　使用貸借

ア　不適切。使用貸借における借主は、借用物の通常の必要費を負担する（595条1項）。よって、借主が借用物について通常の必要費を支出したときであっても、その支出した必要費について貸主から償還を受けることはできない。なお、特別の必要費及び有益費については、貸主に償還を請求することができる（595条2項、583条2項、196条）。

イ　適　切。当事者が使用貸借の期間を定めなかった場合において、使用及び収益の目的を定めたときは、使用貸借は、借主がその目的に従い使用及び収益を終えることによって終了する（597条2項）が、この場合において、貸主は、その目的に従い借主が使用及び収益をするのに足りる期間を経過したときは、借主が実際にその使用及び収益を終える前であっても、契約の解除をすることができる（598条1項）。

ウ　不適切。使用貸借における借主は、貸主の承諾を得なければ、第三者に借用物の使用又は収益をさせることができない（594条2項）。

エ　不適切。使用貸借は、借主の死亡によって終了する（597条3項）。これに対し、貸主が死亡した場合、特約がない限り、使用貸借の存続には影響はなく、使用貸借は終了しない。

正解　イ

問題 70. Aが所有する建物をBに賃貸し、Bが当該建物をさらにCに転貸
した場合に関する以下のアからオまでの記述のうち、最も適切で
はないものを1つ選びなさい（争いがある場合は、判例による）。

ア．BC間の転貸借につきAが承諾していた場合において、Aが、Bの
債務不履行を理由として、適法にAB間の賃貸借契約を解除する旨
の意思表示をBに対して行ったときは、その時点でBC間の転貸借
契約は履行不能によって終了する。

イ．BC間の転貸借につきAが承諾していた場合、Cは、AとBとの間
の賃貸借に基づくBの債務の範囲を限度として、Aに対して転貸
借に基づく債務を直接履行する義務を負う。

ウ．BC間の転貸借につきAが承諾していなかった場合において、Aは
Bの債務不履行によってAB間の賃貸借契約を解除したときは、そ
の効果をCに対抗することができ、転貸借は履行不能によって終
了する。

エ．BC間の転貸借につきAが承諾していた場合において、AB間で賃
貸借契約を合意解除したとしても、Aは、Cに対して建物の明渡し
を請求することができない。

オ．BC間の転貸借につきAが承諾していなかった場合において、Cが
Aから建物の明渡しを求められたときは、Bに対して、転貸借の賃
料の支払を拒絶することができる。

## 解説　　建物の転貸

ア　不適切。判例は、賃貸借契約が転貸人の債務不履行を理由とする解除により終了した場合、賃貸人の承諾のある転貸借は、原則として、賃貸人が転借人に対して目的物の返還を請求した時に、転貸人の転借人に対する債務の履行不能により終了するとしている（最判平 9.2.25）。

イ　適　切。賃借人が適法に賃借物を転貸したときは、転借人は、賃貸人と賃借人との間の賃貸借に基づく賃借人の債務の範囲を限度として、賃貸人に対して転貸借に基づく債務を直接履行する義務を負う（613 条 1 項前段）。なお、この場合においては、賃料の前払をもって賃貸人に対抗することができない（同項後段）。

ウ　適　切。判例は、賃借人がその債務の不履行により賃貸人から賃貸借契約を解除されたときは、その効果を転借人に対抗することができ、転貸借契約は、賃貸借契約の終了と同時に、その履行不能により当然終了し、転借人は賃貸人に対抗することができないとしている（最判昭 36.12.21）。

エ　適　切。賃貸人と賃借人との間の合意解除によって、それに関与できない転借人の利益を一方的に奪うのは不当であるから、賃貸人は、その解除の当時に賃貸人が賃借人の債務不履行による解除権を有していたときを除いて、賃借人との間の賃貸借契約の合意解除を転借人に対抗することはできない（613 条 3 項本文）。よって、Aは、Cに対して建物の明渡しを請求することはできない。

オ　適　切。判例は、「所有権ないし賃貸権限を有しない者から不動産を貸借した者は、その不動産につき権利を有する者から右権利を主張され不動産の明渡を求められた場合には、貸借不動産を使用収益する権原を主張することができなくなるおそれが生じたものとして、民法 559 条で準用する同法 576 条により、右明渡請求を受けた以後は、賃貸人に対する賃料の支払を拒絶することができるものと解するのが相当である」としている（最判昭50.4.25）。

正解　ア

問題 71. 敷金に関する以下のアからオまでの記述のうち、最も<u>適切ではない</u>ものを１つ選びなさい。

ア．敷金とは、いかなる名目によるかを問わず、賃料債務その他の賃貸借に基づいて生ずる賃借人の賃貸人に対する金銭の給付を目的とする債務を担保する目的で、賃借人が賃貸人に交付する金銭をいう。

イ．賃貸人は、賃借人が賃貸借に基づいて生じた金銭の給付を目的とする債務を履行しないときは、敷金をその債務の弁済に充てることができるが、この場合において、賃借人は賃貸人に対し、敷金をその債務の弁済に充てることを請求することはできない。

ウ．賃借権が適法に譲渡されることにより、賃借人の地位の変更があったとき、敷金に関する権利義務関係は、原則として新賃借人には承継されない。

エ．賃貸不動産の譲渡又は賃貸人たる地位を移転する合意に基づいて賃貸人たる地位が移転したとき、敷金に関する権利義務関係は、新賃貸人に承継される。

オ．不動産の賃貸借契約が終了し、賃借人が敷金返還請求権を有する場合、賃貸人が敷金を返還するまで、賃借人は不動産の明渡しを拒むことができる。

解説 　敷 　金

ア 　適 　切。いかなる名目によるかを問わず、賃料債務その他の賃貸借に基づいて生ずる賃借人の賃貸人に対する金銭の給付を目的とする債務を担保する目的で、賃借人が賃貸人に交付する金銭をいう（622条の2第1項）。

イ 　適 　切。賃貸人は、賃借人が賃貸借に基づいて生じた金銭の給付を目的とする債務を履行しないときは、敷金をその債務の弁済に充てることができる（622条の2第2項前段）。この場合において、賃借人は、賃貸人に対し、敷金をその債務の弁済に充てることを請求することができない（622条の2第2項後段）。

ウ 　適 　切。賃借権が適法に譲渡されることにより、賃借人の地位の変更があったとき、敷金に関する権利義務関係は、原則として新賃借人には承継されない。その結果、賃貸人は、賃借人に対し、その受け取った敷金の額から賃貸借に基づいて生じた賃借人の賃貸人に対する金銭債務の額を控除した残額を返還しなければならない（622条の2第1項2号）。

エ 　適 　切。賃貸不動産の譲渡又は賃貸人たる地位を移転する合意に基づいて賃貸人たる地位が移転したとき（605条の2第1項・605条の3）、敷金に関する権利義務関係は、新賃貸人に承継される（605条の2第4項）。その結果、敷金については、賃貸借契約終了後の明渡時に、新賃貸人が返還義務を負うことになる。

オ 　不適切。賃貸人は、敷金を受け取っている場合において、賃貸借が終了し、かつ、賃貸物の返還を受けたときは、賃借人に対し、その受け取った敷金の額から賃貸借に基づいて生じた賃借人の賃貸人に対する金銭の給付を目的とする債務の額を控除した残額を返還しなければならない（622条の2第1項1号）。敷金返還請求権は、賃貸物の返還後に生ずるため、賃貸物の返還義務とは同時履行の関係にない。

正解 　オ

問題 72. 雇用に関する以下のアからエまでの記述のうち、最も<u>適切ではない</u>ものを１つ選びなさい。

ア．労働者は、使用者の承諾を得なければ、自己に代わって第三者を労働に従事させることができず、労働者が使用者の承諾を得ずに第三者を労働に従事させたときは、使用者は、雇用契約を解除することができる。

イ．雇用の期間が３年を超え、又はその終期が不確定であるときは、当事者の一方は、３年を経過した後にいつでも雇用契約を解除することができる。

ウ．当事者が雇用の期間を定めなかったときは、各当事者は、いつでも解約の申入れをすることができ、この場合の雇用契約は、解約の申入れの日から２週間の経過によって終了する。

エ．当事者が雇用の期間を定めた場合であっても、やむを得ない事由があるときは、各当事者は、直ちに雇用契約を解除することができる。

**解説**　　雇用

ア　適　切。労働者は、使用者の承諾を得なければ、自己に代わって第三者を労働に従事させることができず（625条2項）、労働者がこれに違反して第三者を労働に従事させたときは、使用者は、雇用契約の解除をすることができる（同条3項）。

イ　不適切。雇用の期間が5年を超え、又はその終期が不確定であるときは、当事者の一方は、5年を経過した後、いつでも雇用契約の解除をすることができる（626条1項）。

ウ　適　切。当事者が雇用の期間を定めなかったときは、各当事者は、いつでも解約の申入れをすることができる。この場合において、雇用は、解約の申入れの日から二週間を経過することによって終了する（627条1項）。

エ　適　切。当事者が雇用の期間を定めた場合であっても、やむを得ない事由があるときは、各当事者は、直ちに雇用契約の解除をすることができる（628条前段）。なお、やむを得ない事由が当事者の一方の過失によって生じたものであるときは、相手方に対して損害賠償の責任を負う（同条後段）。

正解　イ

問題 73. 請負に関する以下のアからエまでの記述のうち、最も<u>適切ではない</u>ものを１つ選びなさい。

ア．請負人が仕事を完成しない間は、注文者は、いつでも損害を賠償して契約の解除をすることができる。

イ．注文者が破産手続開始の決定を受けた場合、請負人又は破産管財人は、請負契約の解除をすることができる。

ウ．請負人が種類または品質に関して契約の内容に適合しない仕事の目的物を注文者に引き渡した場合において、注文者がその目的物の引渡しの時から１年以内にその旨を請負人に通知しないときは、注文者は、その不適合を理由として、履行追完請求、報酬減額請求、損害賠償請求及び契約の解除をすることができない。

エ．注文者の責めに帰することができない事由によって仕事を完成することができなくなったときは、請負人は、既にした仕事の結果のうち可分な部分の給付によって注文者が利益を受ける部分を仕事の完成とみなして、注文者が受ける利益の割合に応じて報酬を請求することができる。

解説　　究負

ア　適　切。請負人が仕事を完成しない間は、注文者は、いつでも損害を賠償して契約の解除をすることができる（641条）。

イ　適　切。注文者が破産手続開始の決定を受けた場合、請負人又は破産管財人は、請負契約の解除をすることができる（642条1項）。

ウ　不適切。請負人が種類または品質に関して契約の内容に適合しない仕事の目的物を注文者に引き渡した場合において、注文者が「その不適合を知った時から」1年以内にその旨を請負人に通知しないときは、注文者は、その不適合を理由として、履行追完請求、報酬減額請求、損害賠償請求及び契約の解除をすることができない（637条1項）。

エ　適　切。注文者の責めに帰することができない事由によって仕事を完成することができなくなった場合、請負人が既にした仕事の結果のうち可分な部分の給付によって注文者が利益を受けるときは、その部分を仕事の完成とみなす。この場合において、請負人は、注文者が受ける利益の割合に応じて報酬を請求することができる（634条1号）。

正解　ウ

問題 74. 委任に関する以下のアからオまでの記述のうち、最も<u>適切な</u>ものを
　　　　1つ選びなさい。

ア．受任者は、委任事務を処理するのに必要な費用について、委任者に
　　前払いを請求することができない。

イ．当事者の一方が、相手方に不利な時期に委任を解除したときは、
　　やむを得ない事由があるときであっても、相手方の損害を賠償しな
　　ければならない。

ウ．委任が終了した場合において、受任者又はその相続人若しくは法
　　定代理人は、急迫の事情の有無にかかわらず、委任者又はその相続
　　人若しくは法定代理人が委任事務を処理することができるに至る
　　まで、必要な処分をしなければならない。

エ．代理権を付与する委任において、受任者が代理権を有する復受任
　　者を選任したときは、復受任者は、委任者に対して、その権限の範
　　囲内において、受任者と同一の権利を有し、義務を負う。

オ．委任者が後見開始の審判を受けたときは、委任は終了する。

**解説**　委任

ア　不適切。委任事務を処理するについて費用を要するときは、委任者は、受任者の請求により、その前払いをしなければならない（649条）。よって、受任者は、委任者に委任事務を処理するのに必要な費用の前払いを請求することができる。

イ　不適切。当事者の一方が、相手方に不利な時期に委任を解除したときは、原則として相手方の損害を賠償しなければならないが、やむを得ない事由があるときは、損害賠償責任を負わない（651条2項但書）。

ウ　不適切。委任が終了した場合において、急迫の事情があるときは、受任者又はその相続人若しくは法定代理人は、委任者又はその相続人若しくは法定代理人が委任事務を処理することができるに至るまで、必要な処分をしなければならない（654条）。急迫の事情の有無にかかわらずこのような必要な処分をしなければならないのではない。

エ　適　切。代理権を付与する委任において、受任者が代理権を有する復受任者を選任したときは、復受任者は、委任者に対して、その権限の範囲内において、受任者と同一の権利を有し、義務を負う（644条の2第2項）。

オ　不適切。委任の終了事由は、①委任者又は受任者の死亡、②委任者又は受任者が破産手続開始の決定を受けたこと、③受任者が後見開始の審判を受けたことである（653条）。委任者が後見開始の審判を受けたことは、委任の終了事由ではない。

正解　エ

問題75. 委任に関する以下のアからオまでの記述のうち、最も<u>適切な</u>ものを
１つ選びなさい。

ア．受任者は、委任の本旨に従い、善良な管理者の注意をもって、委任
　　事務を処理する義務を負うが、この義務は報酬の有無や額などによ
　　り軽減することができる。

イ．受任者は、委任事務を処理するに当たって受け取った金銭その他の
　　物を委任者に引き渡さなければならないが、その収取した果実につ
　　いては、その限りでない。

ウ．受任者は、特約がなくても、委任者に対して報酬を請求すること
　　ができる。

エ．受任者は、委任事務を処理するのに必要と認められる費用を支出
　　したときは、委任者に対し、その費用及び支出の日以後におけるそ
　　の利息の償還を請求することができる。

オ．委任の当事者は、やむを得ない事由がなければ、その相手方に不利
　　な時期に委任を解除することができない。

**解説**　　委　任

ア　不適切。受任者は、委任の本旨に従い、善良な管理者の注意をもって、委任事務を処理する義務を負う（644条）。この義務は報酬の有無や額などにより軽減されない。

イ　不適切。受任者は、委任事務を処理するに当たって受け取った金銭その他の物を委任者に引き渡さなければならない。その収取した果実についても、同様である。（646条）。

ウ　不適切。受任者は、特約がなければ、委任者に対して報酬を請求することができない（648条1項）。

エ　適　切。受任者は、委任事務を処理するのに必要と認められる費用を支出したときは、委任者に対し、その費用及び支出の日以後におけるその利息の償還を請求することができる（650条1項）。

オ　不適切。委任は、やむを得ない事由がなくても、各当事者がいつでもその解除をすることができる（651条1項）。なお、相手方に不利な時期に委任を解除したとき、又は委任者が受任者の利益（専ら報酬を得ることによるものを除く）をも目的とする委任を解除したときは、やむを得ない事由があったときを除いて、相手方の損害を賠償しなければならない（651条2項）。

正解　エ

問題 76. 寄託に関する以下のアからオまでの記述のうち、最も<u>適切ではない</u>ものを１つ選びなさい。

ア．有償寄託の受寄者は、善良な管理者の注意をもって、寄託物を保管しなければならないが、無償寄託の受寄者は、自己の財産に対するのと同一の注意をもって、寄託物を保管すれば足りる。

イ．寄託が有償であるか無償であるかを問わず、寄託者は、受寄者が寄託物を受け取るまで、契約の解除をすることができる。

ウ．寄託者は、寄託者が過失なくその性質若しくは瑕疵を知らなかったとき、又は受寄者がこれを知っていたときを除いて、寄託物の性質又は瑕疵によって生じた損害を受寄者に賠償しなければならない。

エ．寄託物について権利を主張する第三者が受寄者に対して訴えを提起したときは、受寄者は、寄託者が既にこれを知っているときを除いて、遅滞なくその事実を寄託者に通知しなければならない。

オ．当事者が寄託物の返還の時期を定めた場合、寄託者は、その返還の時期が到来するまで寄託物の返還を請求することができない。

## 解説　　寄託

ア　適　切。無償寄託の受寄者は、自己の財産に対するのと同一の注意を
もって、寄託物を保管する義務を負う（659条）。これに対して、
有償寄託の受寄者は、善良な管理者の注意をもって、寄託物を
保管しなければならない（400条）。

イ　適　切。寄託者は、受寄者が寄託物を受け取るまで、契約の解除をする
ことができる（657条の2第1項前段）。これは、寄託が有償で
あるか無償であるかを問わない。

ウ　適　切。寄託者は、寄託物の性質又は瑕疵によって生じた損害を受寄者
に賠償しなければならない。ただし、寄託者が過失なくその性
質若しくは瑕疵を知らなかったとき、又は受寄者がこれを知っ
ていたときは、この限りでない（661条）。

エ　適　切。寄託物について権利を主張する第三者が受寄者に対して訴えを
提起し、又は差押え、仮差押え若しくは仮処分をしたときは、
受寄者は、遅滞なくその事実を寄託者に通知しなければならな
い。ただし、寄託者が既にこれを知っているときは、この限り
でない（660条1項）。

オ　不適切。当事者が寄託物の返還の時期を定めたときであっても、寄託者
は、いつでもその返還を請求することができる（662条1項）。

正解　オ

問題 77. 組合に関する以下のアからオまでの記述のうち、最も<u>適切ではない</u>ものを1つ選びなさい。

ア．組合契約は、各当事者が出資をして共同の事業を営むことを約することによって、その効力を生ずるが、出資は金銭だけでなく労務をその目的とすることもできる。

イ．組合員は、他の組合員が組合契約に基づく債務の履行をしないことを理由として、組合契約を解除することができない。

ウ．金銭を出資の目的とした場合において、その出資を怠った組合員は、その利息の支払義務や損害賠償義務を負う。

エ．組合契約において、当事者が損益分配の割合を定めなかったときは、利益及び損失は、各組合員の出資の価額に応じて分配される。

オ．組合員は、その全員の同意によって、又は組合契約の定めるところにより、新たに組合員を加入させることができ、この場合、組合の成立後に加入した組合員は、その加入前に生じた組合の債務についても、これを弁済する責任を負う。

解説　　組　合

ア　適　切。組合契約は、各当事者が出資をして共同の事業を営むことを約
　　　　　　することによって、その効力を生ずる（667条1項）が、出資
　　　　　　は金銭だけでなく労務をその目的とすることもできる（同条2
　　　　　　項）。

イ　適　切。組合員は、他の組合員が組合契約に基づく債務の履行をしない
　　　　　　ことを理由として、組合契約を解除することができない（667条
　　　　　　の2第2項）。

ウ　適　切。金銭を出資の目的とした場合において、組合員がその出資をす
　　　　　　ることを怠ったときは、その利息を支払うほか、損害の賠償を
　　　　　　しなければならない（669条）。

エ　適　切。当事者が損益分配の割合を定めなかったときは、その割合は、
　　　　　　各組合員の出資の価額に応じて定める（674条1項）。よって、
　　　　　　この場合、利益及び損失は、各組合員の出資の価格に応じて分
　　　　　　配されることとなる。

オ　不適切。組合員は、その全員の同意によって、又は組合契約の定めると
　　　　　　ころにより、新たに組合員を加入させることができる（677条
　　　　　　の2第1項）。この場合、組合の成立後に加入した組合員は、そ
　　　　　　の加入前に生じた組合の債務については、これを弁済する責任
　　　　　　を負わない（677条の2第2項）。

正解　オ

問題 78. 和解に関する以下のアからエまでの記述のうち、最も<u>適切ではない</u>ものを１つ選びなさい。

ア．和解は、当事者が互いに譲歩をしてその間に存する争いをやめることを約することによって、その効力を生ずる。

イ．和解によって、当事者の一方が争いの目的である権利を有するものと認められ、又は相手方がこれを有しないものと認められた場合において、その当事者の一方が従来その権利を有していなかった旨の確証又は相手方がこれを有していた旨の確証が得られたときは、その権利は、和解によってその当事者の一方に移転し、又は消滅したものとされる。

ウ．判例によれば、法律関係の存否、判断、内容等に関する争いが存在しない場合には、法律関係を確定するための契約であっても、民法上の和解契約ではない。

エ．判例によれば、和解契約を締結した場合において、和解における争いや互譲の対象ではなく、当事者によって疑いのない事実として和解の前提としていた事項について錯誤があったにすぎないときは、錯誤を理由として和解契約を取り消すことはできない。

## 解説　　和解

ア　適　切。和解は、当事者が互いに譲歩をしてその間に存する争いをやめることを約することによって、その効力を生ずる（695条）。

イ　適　切。当事者の一方が和解によって争いの目的である権利を有するものと認められ、又は相手方がこれを有しないものと認められた場合において、その当事者の一方が従来その権利を有していなかった旨の確証又は相手方がこれを有していた旨の確証が得られたときは、その権利は、和解によってその当事者の一方に移転し、又は消滅したものとされる（696条）。

ウ　適　切。判例は、695条における「争い」とは、当事者間において法律関係の存否、判断、内容等に関する争いのことをいい、このような争いがない場合には、法律関係を確定するための契約であっても、民法上の和解契約ではないとしている（大判大5.7.5）。

エ　不適切。判例は、和解における争いや互譲の対象ではないが、当事者によって疑いのない事実として和解の前提としていた事項について錯誤があった場合には、民法95条が適用され、錯誤を理由として和解契約を取り消しうるとしている（大判大6.9.18）。

正解　エ

問題 79. 事務管理に関する以下のアからエまでの記述のうち、最も<u>適切な</u>ものを１つ選びなさい。

ア．管理者は、本人の身体、名誉又は財産に対する急迫の危害を免れさせるために事務管理をしたときは、悪意又は重大な過失があるのでなければ、これによって生じた損害を賠償する責任を負わない。

イ．管理者は、事務管理を始めたことを直ちに本人に通知しなければならない（本人が既に知っている場合は除く）。

ウ．事務管理には委任の規定が準用されるため、管理者は本人に対し事務の管理により生じる費用の前払いを請求することができる。

エ．事務管理が終了した場合において、管理者は本人からの請求がない限り、その事務処理の結果を報告する義務を負わない。

**解説**　　事務管理

ア　適　切。管理者は、本人の身体、名誉又は財産に対する急迫の危害を免れさせるために事務管理をしたときは、悪意又は重大な過失があるのでなければ、これによって生じた損害を賠償する責任を負わない（698条）。

イ　不適切。管理者は、事務管理を始めたことを遅滞なく本人に通知しなければならない。ただし、本人が既にこれを知っているときは、この限りでない（699条）。

ウ　不適切。委任契約において、受任者による費用の前払請求は認められている（649条）が、この規定は事務管理に準用されない（701条）。

エ　不適切。受任者は、委任者の請求があるときは、いつでも委任事務の処理の状況を報告し、委任が終了した後は、遅滞なくその経過及び結果を報告しなければならない（645条）。この規定は、事務管理にも準用される（701条）。

正解　ア

問題 80. 不当利得に関する以下のアからオまでの記述のうち、最も<u>適切では</u><u>ない</u>ものを１つ選びなさい。

ア．不当利得による善意の受益者は、その利益の存する限度において、これを返還する義務を負う。

イ．悪意の受益者は、その受けた利益に利息を付して返還しなければならない。この場合において、なお損害があるときは、その賠償の責任を負う。

ウ．債務の弁済として給付をした者は、その時において債務の存在しないことを知っていたときは、その給付したものの返還を請求することができない。

エ．債務者は、弁済期にない債務の弁済として給付をしたときは、その給付したものの返還を請求することができず、債務者が錯誤によってその給付をした場合でも、債権者はこれによって得た利益を返還する必要はない。

オ．不法な原因のために給付をした者は、不法な原因が受益者についてのみ存する場合を除き、その給付したものの返還を請求することができない。

解説　　和解

ア　適　切。法律上の原因がないことを知らずに利益を受けた者は、その利益の存する限度において、これを返還する義務を負う（703条）。

イ　適　切。悪意の受益者は、その受けた利益に利息を付して返還しなければならない。この場合において、なお損害があるときは、その賠償の責任を負う（704条）。

ウ　適　切。債務の弁済として給付をした者は、その時において債務の存在しないことを知っていたときは、その給付したものの返還を請求することができない（705条）。

エ　不適切。債務者は、弁済期にない債務の弁済として給付をしたときは、その給付したものの返還を請求することができない。ただし、債務者が錯誤によってその給付をしたときは、債権者は、これによって得た利益を返還しなければならない（706条）。

オ　適　切。不法な原因のために給付をした者は、その給付したものの返還を請求することができない。ただし、不法な原因が受益者についてのみ存したときは、この限りでない（708条）。

正解　エ

問題81. 不法行為に関する以下のアからオまでの記述のうち、最も<u>適切ではないもの</u>を１つ選びなさい（争いがある場合は、判例による）。

ア．他人の身体、自由若しくは名誉を侵害した場合又は他人の財産権を侵害した場合のいずれであるかを問わず、不法行為により損害賠償の責任を負う者は、財産以外の損害に対しても、その賠償をしなければならない。

イ．未成年者は、他人に損害を加えた場合において、自己の行為の責任を弁識するに足りる知能を備えていなかったときは、その行為について賠償の責任を負わない。

ウ．精神上の障害により自己の行為の責任を弁識する能力を欠く状態にある間に他人に損害を加えた者は、その賠償の責任を負わないが、過失によって一時的にその状態を招いたときもこれに含まれる。

エ．他人の不法行為に対し、自己又は第三者の権利又は法律上保護される利益を防衛するため、やむを得ず加害行為をした者は、損害賠償責任を負わず、また、他人の物から生じた急迫の危難を避けるためその物を損傷した者も、損害賠償責任を負わない。

オ．被害者に過失があった場合、裁判所は、これを考慮して、損害賠償の額を定めることができるが、この過失相殺をするためには、被害者に事理弁識能力があったことが必要である。

**解説**　不法行為

ア　適　切。他人の身体、自由若しくは名誉を侵害した場合又は他人の財産権を侵害した場合のいずれであるかを問わず、不法行為により損害賠償の責任を負う者は、財産以外の損害に対しても、その賠償をしなければならない（710条）。

イ　適　切。未成年者は、他人に損害を加えた場合において、自己の行為の責任を弁識するに足りる知能を備えていなかったときは、その行為について賠償の責任を負わない（712条）。

ウ　不適切。精神上の障害により自己の行為の責任を弁識する能力を欠く状態にある間に他人に損害を加えた者は、その賠償の責任を負わないが、故意又は過失によって一時的にその状態を招いたときは、この限りでない（713条）。

エ　適　切。他人の不法行為に対し、自己又は第三者の権利又は法律上保護される利益を防衛するため、やむを得ず加害行為をした者は、損害賠償の責任を負わない（正当防衛　720条1項本文）。同様に、他人の物から生じた急迫の危難を避けるためその物を損傷した者は、損害賠償の責任を負わない（緊急避難　720条2項）。

オ　適　切。被害者に過失があったときは、裁判所は、これを考慮して、損害賠償の額を定めることができる（722条2項）。この過失相殺をするためには、被害者に責任能力があったことは必要ではないが、「事理弁識能力」は必要であると解されている（最大判昭39.6.24）。

正解　ウ

問題 82. 使用者責任に関する以下のアからエまでの記述のうち、最も<u>適切</u>
<u>な</u>ものを１つ選びなさい（争いがある場合は、判例による）。

ア．事業の執行について第三者に損害を加えた被用者は賠償責任を負
わなければならないが、当該被用者に支払い能力がない場合のみ、
使用者がその損害賠償責任を負う。

イ．使用者責任が成立するためには、使用者が被用者を使用するという
関係が存在しなければならないが、このような関係は、雇用契約の
締結の下で存在しなければならない。

ウ．使用者責任が成立するためには、被用者の不法行為が、使用者の
「事業の執行について」行われたものでなければならないが、「事
業の執行について」には、その行為の外形からみて、あたかも被用
者の職務の範囲内の行為に属するものとみられる場合であっても、
実際に被用者の職務の執行行為そのものに属しないものは包含さ
れないと解されている。

エ．使用者責任に基づいて被害者に生じた損害を賠償した使用者は、
その被用者に故意又は重大な過失がない場合であっても求償権を
行使することができる。

**解説**　　　使用者責任

ア　不適切。事業の執行について被用者が第三者に損害を加えた場合は、被用者の支払い能力の有無にかかわらず、原則として、使用者も損害賠償責任を負う（715条1項）。

イ　不適切。使用者責任が成立するためには、使用者が被用者を使用するという関係が存在しなければならないが、このような関係は必ずしも雇用関係にある必要はなく、実質的にみて使用者が被用者を指揮監督すべき関係であれば足りると解されている（最判昭41.6.10）。

ウ　不適切。使用者責任が成立するためには、被用者の不法行為が、使用者の「事業の執行について」行われたものでなければならないが、「事業の執行について」には、被用者の職務の執行行為そのものには属しないが、その行為の外形から観察して、あたかも被用者の職務の範囲内の行為に属するものとみられる場合をも包含するものと解されている（外形標準説　最判昭32.7.16）。

エ　適　切。使用者責任に基づいて被害者に生じた損害を賠償した使用者又は監督者は、被用者に対して求償権を行使することができる（715条3項）。被用者に故意又は重大な過失がある場合に限られていない。

正解　エ

問題 83. 婚姻に関する以下のアからオまでの記述のうち、最も適切ではないものを1つ選びなさい（争いがある場合は、判例による）。

ア．婚姻は、戸籍法の定めるところにより届け出ることによって、その効力を生ずるが、この届出は、当事者双方及び成年の証人2人以上が署名した書面で、又はこれらの者から口頭で、しなければならないとされている。

イ．夫婦間でした契約は、婚姻が実質的に破綻した後であっても、形式的に婚姻が継続している限り、いつでも、夫婦の一方から取り消すことができる。

ウ．直系血族又は3親等内の傍系血族の間では、婚姻をすることができないが、養子と養方の傍系血族との間では、この限りでない。

エ．判例は、子に嫡出子の身分を与えるためだけになされた婚姻は、当事者間に婚姻をする意思がないときに該当するとして、効力を生じないとしている。

オ．事実上の夫婦の一方が、他方の意思に基づかずに婚姻届を作成し届出をした場合において、その当時、夫婦としての実質的生活関係が存在しており、その後、他方の配偶者が届出の事実を知ってこれを追認したときは、婚姻は、届出の当初にさかのぼって有効となる。

**解説** 婚姻

ア 適 切。婚姻は、戸籍法の定めるところにより届け出ることによって、その効力を生ずる（739条1項）。そして、この届出は、当事者双方及び成年の証人2人以上が署名した書面で、又はこれらの者から口頭で、しなければならないとされている（同条2項）。従って、婚姻の届出は口頭でも行うことができる。

イ 不適切。夫婦間でした契約は、婚姻中、いつでも、夫婦の一方からこれを取り消すことができる（754条本文）が、判例は、同条にいう「婚姻中」とは、形式的にも、実質的にも婚姻が継続していることをいうとして、婚姻が実質的に破綻している場合には、それが形式的に継続しているとしても、夫婦間でした契約を取り消すことは許されないとしている（最判昭42.2.2）。

ウ 適 切。直系血族又は三親等内の傍系血族の間では、婚姻をすることができない。ただし、養子と養方の傍系血族との間では、この限りでない（734条1項）。養親の妹は、養方の傍系血族に当たるから、養子と養親の妹は婚姻することができる。

エ 適 切。判例は、子に嫡出子の身分を与えるためだけになされた婚姻は、当事者間に婚姻をする意思がないときに該当するとして、効力を生じないとしている（最判昭44.10.31）。

オ 適 切。判例は、事実上の夫婦の一方が、他方の意思に基づかずに婚姻届を作成し届出をした場合において、その当時、夫婦としての実質的生活関係が存在しており、その後、他方の配偶者が届出の事実を知ってこれを追認したときは、婚姻は、届出の当初にさかのぼって有効となるとしている（最判昭47.7.25）。

正解 イ

問題 84. 夫婦財産制に関する以下のアからオまでの記述のうち、最も<u>適切で</u><u>はない</u>ものを1つ選びなさい。

ア．夫婦は、契約によって婚姻中の夫婦の財産関係を、原則として、自由に定めることができ、これを夫婦財産契約と呼ぶ。

イ．法定財産制は、夫婦間の財産関係を法律によって定めるものであり、その主な種類として夫婦の財産を共有とする共有制や、夫婦が各自別々に自分の財産を所有し管理する別産制などが挙げられる。

ウ．民法は、夫婦財産契約がなされなかったときに法定財産制によると規定しており、契約財産制が法定財産制に優先するという建前をとっている。

エ．夫婦の一方が婚姻前から有する財産及び婚姻中自己の名で得た財産は、その特有財産とされるが、夫婦のいずれに属するか明らかでない財産は、その共有に属するものと推定される。

オ．夫婦財産契約は、婚姻の届出までにその登記をしなければ、第三者に対抗することができないが、相手が夫婦の承継人の場合はこの限りでない。

**解説**　夫婦財産制

ア　適　切。夫婦は、契約によって婚姻中の夫婦の財産関係を、原則として、自由に定めることができ、これを夫婦財産契約と呼ぶ（755条）。

イ　適　切。法定財産制は、夫婦間の財産関係を法律によって定めるものであり、その主な種類として夫婦の財産を共有とする共有制や、夫婦が各自別々に自分の財産を所有し管理する別産制などが挙げられる。

ウ　適　切。民法は、夫婦財産契約がなされなかったときに法定財産制によると規定しており、契約財産制が法定財産制に優先するという建前をとっている。

エ　適　切。夫婦の一方が婚姻前から有する財産及び婚姻中自己の名で得た財産は、その特有財産とされる（762条1項）が、夫婦のいずれに属するか明らかでない財産は、その共有に属するものと推定される（同条2項）。

オ　不適切。夫婦財産契約は、婚姻の届出までにその登記をしなければ、夫婦の承継人や第三者に対抗することができない（756条）。

正解　オ

問題 85. 離婚に関する以下のアからオまでの記述のうち、最も<u>適切な</u>もの
を１つ選びなさい（争いがある場合は、判例による）。

ア．離婚に伴う財産分与は、民法の規定の趣旨に反して不相当に過大
であり、財産分与に仮託してされた財産処分であると認めるに足り
るような特段の事情のない限り、詐害行為取消権の対象とはならな
い。

イ．離婚における財産分与は、離婚に伴う精神的苦痛に対する損害の
賠償も当然に含むものであるから、その際には、分与された財産と
は別に離婚を理由とする慰謝料の請求をすることはできない。

ウ．婚姻によって氏を改めた夫又は妻は、協議上の離婚によって婚姻
前の氏に復するが、離婚後、いつでも、戸籍法の定めるところによ
り届け出ることによって、離婚の際に称していた氏を称することが
できる。

エ．離婚によって精神的な苦痛を被った夫婦の一方の者が財産分与を
得た場合において、その財産分与に離婚による精神的な苦痛を被っ
たことに対する慰謝料が含まれているときには、その額が精神的苦
痛を慰謝するに足りないと認められる場合であっても、別途、慰謝
料を請求することは許されない。

オ．夫が、債権者による強制執行を免れる目的で妻との離婚届を提出
した場合、この離婚は無効である。

## 解説　離婚

ア　適　切。判例は、離婚に伴う財産分与は、民法 768 条 3 項の規定の趣旨に反して不相当に過大であり、財産分与に仮託してされた財産処分であると認めるに足りるような特段の事情のない限り、詐害行為取消権の対象とはならないとしている（最判昭 58.12.19）。

イ　不適切。判例は、離婚における財産分与は、夫婦財産関係を清算し、かつ、離婚後における他方配偶者の生計の維持を目的とするものであるから、精神的苦痛を被ったことに対する慰謝料請求をすることができる。しかし、財産分与が精神的苦痛を被ったことに対する慰謝料の要素をも含めて給付がなされ、他方配偶者の精神的苦痛がすべて慰謝された場合には、重ねて慰謝料請求をすることができない。従って、財産分与がなされても、それが損害賠償の要素を含めた趣旨とは解せられないか、請求者の精神的苦痛を慰謝するに足りないと認められるものであるときは、慰謝料請求をすることができるとしている（最判昭 46.7.23）。離婚における財産分与には、離婚に伴う精神的苦痛に伴う損害の賠償を当然に含むものではない。

ウ　不適切。婚姻によって氏を改めた夫又は妻は、協議上の離婚によって婚姻前の氏に復する（767 条 1 項）が、婚姻前の氏に復した夫又は妻は、離婚の日から 3 か月以内に戸籍法の定めるところにより届け出ることによって、離婚の際に称していた氏を称することができる（767 条 2 項）。

エ　不適切。判例は、財案分与と慰謝料請求はその性質を必ずしも同じくするものではないとした上で、財産分与に離婚による精神的な苦痛を被ったことに対する慰謝料が含まれているときであっても、財産分与に慰謝の要素を含めた趣旨とは解せられないか、又はその額が精神的苦痛を慰謝するに足りないと認められる場合であっても、別途、慰謝料を請求することができるとしている（最判昭 46.7.23）。

オ　不適切。判例は、強制執行を免れるための離婚のように、いわば方便としてなされた離婚であっても、有効であるとしている（大判昭 16.2.3）。

正解　ア

問題 86. 実子に関する以下のアからエまでの記述のうち、最も<u>適切ではない</u>ものを１つ選びなさい。

ア．夫は、嫡出否認の訴えによって子の嫡出性を否認することができるが、嫡出否認の訴えは、子の出生の日から１年以内に提起しなければならない。

イ．父は、婚姻の成立の日から 200 日を経過した後に生まれた子の父子関係を争うために、嫡出否認の訴えを提起することができる。

ウ．認知の訴えは、父又は母が死亡した後でも提起することができる。

エ．父又は母は、死亡した子でも、その直系卑属があるときに限り、認知することができるが、その直系卑属が成年者であるときは、その承諾を得なければならない。

解説　　**実子**

ア　不適切。嫡出否認の訴えは、夫が子の出生を知った時から1年以内に提起しなければならない。（777条）。

イ　適　切。婚姻の成立の日から200日を経過した後又は婚姻の解消若しくは取消しの日から300日以内に生まれた子は、婚姻中に懐胎したものと推定する（772条2項）。従って、父子関係を争うには、嫡出否認の訴えではなく、親子関係不存在確認の訴えによらなければならない。

ウ　適　切。子、その直系卑属又はこれらの者の法定代理人は、認知の訴えを提起することができるが、父又は母の死亡の日から3年を経過したときは、認知の訴えを提起することができない（787条）。

エ　適　切。父又は母は、死亡した子でも、その直系卑属があるときに限り、認知することができる。この場合において、その直系卑属が成年者であるときは、その承諾を得なければならない（783条2項）。

正解　ア

民法法務士認定試験 公式精選問題集

問題 87. 普通養子縁組に関する以下のアからオまでの記述のうち、最も<u>適切</u>
<u>な</u>ものを１つ選びなさい。

ア．普通養子縁組においては、原則として、養親となる者は配偶者が
ある者でなければならない。

イ．自己の叔母は、年下である場合には、養子とすることができる。

ウ．普通養子縁組が成立した場合、養子と実方の父母及びその血族と
の親族関係は、原則として終了する。

エ．養子縁組の当事者の一方が死亡した場合において、他方の当事者
が離縁をしようとするときは、家庭裁判所の許可を得なければなら
ない。

オ．普通養子となる者が 15 歳未満であるときは、その法定代理人が、
養子となる者に代わって、縁組の承諾をすることができ、この場合、
養子となる者の父母でその監護をすべき者である者が他にあると
きであっても、その者の同意は不要である。

## 解説　　普通養子縁組

ア　不適切。普通養子縁組においては、養親となる者は 20 歳に達した者で
　　　　　　あればよく（792 条）、養親となる者が配偶者のある者である必
　　　　　　要はない。なお、特別養子縁組においては、原則として、養親
　　　　　　となる者は配偶者のある者（817 条の 3 第 1 項）で、かつ、夫
　　　　　　婦がともに養親とならなければならない（同条 2 項）。

イ　不適切。尊属又は年長者を養子とすることは禁止されている（793 条）。
　　　　　　従って、自己の叔母は、たとえ年下であっても、尊属であるこ
　　　　　　とから、養子とすることはできない。

ウ　不適切。普通養子縁組においては、従前の実親子関係（実方の血族との
　　　　　　関係）は、そのまま存続する。なお、特別養子縁組においては、
　　　　　　養子と実方の父母及びその血族との親族関係は、特別養子縁組
　　　　　　によって終了する（817 条の 9）。

エ　適　切。縁組の当事者の一方が死亡した後に生存当事者が離縁をしよう
　　　　　　とするときは、家庭裁判所の許可を得て、これをすることがで
　　　　　　きる（811 条 6 項）

オ　不適切。養子となる者が 15 歳未満であるときは、その法定代理人が、こ
　　　　　　れに代わって、縁組の承諾をすることができる（797 条 1 項）。
　　　　　　この場合において、養子となる者の父母でその監護をすべき者
　　　　　　であるものが他にあるときは、その同意を得なければならない
　　　　　　（同条 2 項）。

正解　エ

問題 88. 特別養子縁組制度に関する以下のアからオまでの記述のうち、最も
適切ではないものを１つ選びなさい。

ア．家庭裁判所は、所定の要件を満たした養親となる者の請求により、
特別養子縁組を成立させることができる。

イ．特別養子縁組制度においては、原則として、養親となる者は配偶
者のある者で、かつ、夫婦がともに養親とならなければならない。

ウ．特別養子縁組制度においては、原則として、養子となる者は審判の
申立時に 15 歳に達していない者でなければならない。

エ．特別養子縁組が成立した場合、養子と実方の父母及びその血族と
の親族関係は、原則として終了する。

オ．家庭裁判所は、養子の利益のため特に必要があると認める場合ま
たは実父母が相当の監護をすることができる場合には、養子、実
父母の請求により、特別養子縁組の当事者を離縁させることができ
る。

**解説** 特別養子制度

ア 適 切。家庭裁判所は、所定の要件を満たした養親となる者の請求により、特別養子縁組を成立させることができる（817条の2）。

イ 適 切。特別養子縁組制度においては、原則として、養親となる者は配偶者のある者（817条の3第1項）で、かつ、夫婦がともに養親とならなければならない（同条2項）。

ウ 適 切。特別養子縁組制度においては、原則として、養子となる者は縁組審判の申立時に15歳に達していない者でなければならない（817条の5第1項）。

エ 適 切。養子と実方の父母及びその血族との親族関係は、特別養子縁組によって終了する（817条の9）。特別養子縁組は、その成立により、従前の親子関係等を終了させる縁組である。

オ 不適切。養子の利益のため特に必要があると認めるときは、家庭裁判所は、養子、実父母又は検察官の請求により、特別養子縁組の当事者を離縁させることができる（民法817条の10第1項柱書き）。ただし、
①養親による虐待、悪意の遺棄その他養子の利益を著しく害する事由があること。
②実父母が相当の監護をすることができること。
①②の両方を満たしていない場合は、することができない（民法817条の10第2項）。

正解 オ

問題 89. 親権に関する以下のアからオまでの記述のうち、最も<u>適切ではない</u>ものを1つ選びなさい。

ア. 親権を行う者は、子の利益のために子の監護及び教育をする権利を有し、義務を負う。

イ. 父母の協議によって親権者を父母の一方に定めた場合であっても、再度、父母の協議によって親権者を他方に変更することができる。

ウ. 子は、職業を営むに当たり、親権を行う者の許可を得なければならない。

エ. 親権を行う父又は母は、やむを得ない事由があるときは、家庭裁判所の許可を得て、親権又は管理権を辞することができる。

オ. 親権を行う者は、自己のためにするのと同一の注意をもって、子の財産管理を行えばよく、善良な管理者の注意をもって行う必要はない。

**解説**　親権

ア　適　切。親権を行う者は、子の利益のために子の監護及び教育をする権利を有し、義務を負う（820 条）。

イ　不適切。子の利益のため必要があると認めるときは、家庭裁判所は、子の親族の請求によって、親権者を他の一方に変更することができる（819 条 6 項）。このように、親権者の変更は家庭裁判所によって行われるのであって、父母の協議によって変更することはできない。

ウ　適　切。子は、親権を行う者の許可を得なければ、職業を営むことができない（823 条 1 項）。

エ　適　切。親権を行う父又は母は、やむを得ない事由があるときは、家庭裁判所の許可を得て、親権又は管理権を辞することができる（837 条 1 項）。

オ　適　切。親権を行う者は、自己のためにするのと同一の注意をもって、その管理権を行わなければならない（827 条）。従って、善良な管理者の注意をもって行う必要はない。

正解　イ

問題 90. 後見に関する以下のアからオまでの記述のうち、最も<u>適切ではない</u>ものを１つ選びなさい。

ア．未成年後見は、未成年者に対して親権を行う者がないとき、又は親権を行う者が管理権を有しないときに、開始する。

イ．未成年後見人が選任されている場合であっても、家庭裁判所は、必要があると認めるときは、職権で、更に未成年後見人を選任することができる。

ウ．家庭裁判所が後見開始の審判をするときは、職権で、成年後見人が選任される。

エ．後見人の配偶者、直系血族および兄弟姉妹は、後見監督人となることができない。

オ．成年後見人と本人との利益が相反する行為については、成年後見人は成年後見監督人がいる場合であっても、本人のために特別代理人を選任することを家庭裁判所に請求しなければならない。

**解説**　　後見

ア　適　切。未成年後見は、未成年者に対して親権を行う者がないとき、又は親権を行う者が管理権を有しないときに開始する（838 条 1号）。

イ　適　切。未成年後見人がある場合においても、家庭裁判所は、必要があると認めるときは、未成年後見人等の請求により又は職権で、更に未成年後見人を選任することができる（840 条 2 項）。

ウ　適　切。家庭裁判所は、後見開始の審判をするときは、職権で、成年後見人を選任する（843 条 1 項）。

エ　適　切。後見人の配偶者、直系血族及び兄弟姉妹は、後見監督人となることができない（850 条）。

オ　不適切。成年後見人と本人との利益が相反する行為については、成年後見人は、原則として、本人のために特別代理人を選任することを家庭裁判所に請求しなければならない（860 条本文、826 条）が、成年後見監督人がある場合には、成年後見人は、特別代理人の選任を請求する必要はない（860 条但書）。

正解　オ

問題 91. 相続人に関する以下のアからオまでの記述のうち、最も<u>適切なもの</u>を 1 つ選びなさい。

ア．A が死亡した場合、A の死亡後に認知された子は、A の相続人とはならない。

イ．A が死亡した場合において、A の子である B が相続の放棄をしたときは、B の子である C は、A の代襲相続人となる。

ウ．A が死亡した場合において、A の子である B が相続人の欠格事由によりその相続権を失ったときは、B の子で A の死亡時に胎児であった C は、A の代襲相続人とはならない。

エ．A が死亡した場合において、A の子である B が A の死亡よりも前に死亡していた場合、B の妻である D は、A を相続することができる。

オ．A が兄である E から虐待を受けた場合であっても、A は、E を自己の推定相続人から廃除することを家庭裁判所に請求することができない。

## 解説　　相続人

ア　不適切。認知は、出生の時にさかのぼってその効力を生ずる（784 条本文）ことから、被相続人の死亡後に認知された子は、被相続人の相続人となる（882 条、887 条 1 項参照）。

イ　不適切。代襲原因は、相続開始以前の死亡、相続欠格及び廃除の 3 つに限られ（887 条 2 項本文）、相続放棄は代襲原因ではない。従って、相続人が相続放棄をした場合のその相続人の子は、被相続人の代襲相続人とはならない。

ウ　不適切。被相続人の直系卑属は代襲相続人となることができる（887 条 2 項）から、被相続人の子の子は代襲相続人となることができる。そして、胎児は、相続については、既に生まれたものとみなされる（886 条 1 項）ことから、被相続人の子の子が、被相続人の死亡時に胎児であったとしても、被相続人の代襲相続人となる。

エ　不適切。被相続人の子が、相続の開始以前に死亡したときは、その者の子がこれを代襲して相続人となるが、被相続人の直系卑属でない者は、代襲相続人となることはできない（887 条 2 項）。従って、被相続人の子の配偶者は、被相続人の直系卑属ではないから、代襲相続人となることはできず、被相続人を相続することはできない。

オ　適　切。遺留分を有する推定相続人（相続が開始した場合に相続人となるべき者をいう。）が、被相続人に対して虐待をし、若しくはこれに重大な侮辱を加えたとき、又は推定相続人にその他の著しい非行があったときは、被相続人は、その推定相続人の廃除を家庭裁判所に請求することができる（892 条）。しかし、兄弟姉妹は遺留分を有しないので（1042 条 1 項柱書参照）、兄弟姉妹の廃除を請求することはできない。

正解　オ

問題 92. 相続分に関する以下のアからエまでの記述のうち、最も<u>適切ではな</u><u>い</u>ものを１つ選びなさい。

ア．子、直系尊属又は兄弟姉妹が数人いる場合、各自の相続分は、相等しいものであるが、父母の一方のみを同じくする兄弟姉妹の相続分は、父母の双方を同じくする兄弟姉妹の相続分の２分の１である。

イ．特別受益者の受益額が相続分を超えるときは、その特別受益者は超過額を返還しなければならない。

ウ．被相続人は、遺言で、共同相続人の相続分を定めることができるほか、第三者に共同相続人の相続分を定めることを委託することができる。

エ．共同相続人の一人が遺産分割前に、自己の相続分を他の共同相続人以外の第三者に譲渡したときは、他の共同相続人は、その価額及び費用を償還して、その相続分を譲り受けることができる。

**解説**　　相続分

ア　適　切。子、直系尊属又は兄弟姉妹が数人いる場合、各自の相続分は、相等しいものであるが、父母の一方のみを同じくする兄弟姉妹の相続分は、父母の双方を同じくする兄弟姉妹の相続分の2分の1である（900条4号）。

イ　不適切。遺贈又は贈与の価額（特別受益者の受益額）が、相続分の価額に等しく、又はこれを超えるときは、受遺者又は受贈者（特別受益者）は、その相続分を受けることができない（903条2項）とされているのであって、相続分の超過額を返還する必要はない。

ウ　適　切。被相続人は、遺言で、共同相続人の相続分を定め、又はこれを定めることを第三者に委託することができる（902条1項）。

エ　適　切。共同相続人の一人が遺産の分割前にその相続分を第三者に譲り渡したときは、他の共同相続人は、その価額及び費用を償還して、その相続分を譲り受けることができる（905条1項）。

正解　イ

問題 93. 遺産分割に関する以下のアからオまでの記述のうち、最も<u>適切では</u><u>ない</u>ものを１つ選びなさい（争いがある場合は、判例による）。

ア．遺産の分割は、遺産に属する物又は権利の種類及び性質、各相続人の年齢、職業、心身の状態及び生活の状況その他一切の事情を考慮してこれをする。

イ．遺産の分割は、相続開始の時にさかのぼってその効力を生ずる。

ウ．共同相続人は、被相続人が遺言で禁じた場合などを除き、いつでも、その協議で、遺産の全部又は一部の分割をすることができる。

エ．相続の開始後、認知によって相続人となった者が遺産の分割を請求しようとする場合において、他の共同相続人がすでに遺産の分割をしたときは、認知によって相続人となった者は、価格のみによる支払の請求権を有する。

オ．共同相続人間で遺産分割協議が成立した場合において、共同相続人の一人がその協議で負担した債務を履行しないときは、その債権を有する他の共同相続人は、債務不履行を理由として、遺産分割協議を解除することができる。

**解説**　遺産分割

ア　適　切。遺産の分割は、遺産に属する物又は権利の種類及び性質、各相続人の年齢、職業、心身の状態及び生活の状況その他一切の事情を考慮してこれをする（906条）。

イ　適　切。遺産の分割は、相続開始の時にさかのぼってその効力を生ずる（909条本文）。ただし、第三者の権利を害することはできない（同条但書）。

ウ　適　切。共同相続人は、被相続人が遺言で禁じた場合などを除き、いつでも、その協議で、遺産の全部又は一部の分割をすることができる（907条1項）。従って、相続の承認又は放棄をすべき期間（熟慮期間　915条1項）内であっても、遺産分割をすることができる。

エ　適　切。相続の開始後、認知によって相続人となった者が遺産の分割を請求しようとする場合において、他の共同相続人が既にその分割その他の処分をしたときは、価額のみによる支払の請求権を有する（910条）。遺産分割をした他の相続人の利益を考慮して、遺産分割のやり直しを避けるとともに、認知された者に金銭の支払請求を認めてその利益を確保するという趣旨の規定である。

オ　不適切。判例は、共同相続人間で遺産分割協議が成立した場合において、共同相続人の一人がその協議で負担した債務を履行しないときは、その債権を有する他の共同相続人は、債務不履行を理由として、遺産分割協議を解除することはできないとしている（最判平元.2.9）。債務不履行を理由とする解除をなしうるとすると、法的安定性が著しく害されるからである。

正解　オ

問題 94. 相続の限定承認に関する以下のアからエまでの記述のうち、最も<u>適切ではないもの</u>を１つ選びなさい。

ア．相続人は、相続によって得た財産の限度においてのみ被相続人の債務及び遺贈を弁済すべきことを留保して、相続の承認をすることができる。

イ．相続の承認又は放棄をした者は、自己のために相続の開始があったことを知った時から３か月以内であれば撤回することができる。

ウ．相続人が数人あるときは、限定承認は、共同相続人の全員が共同してのみこれをすることができる。

エ．相続人は、限定承認をしようとするときは、熟慮期間内に、相続財産の目録を作成して家庭裁判所に提出し、限定承認をする旨を申述しなければならない。

解説　　　相続の限定承認

ア　適　切。相続人は、相続によって得た財産の限度においてのみ被相続人
　　　　　　の債務及び遺贈を弁済すべきことを留保して、相続の承認をす
　　　　　　ることができる（922条）。

イ　不適切。相続人は、原則として、自己のために相続の開始があったこと
　　　　　　を知った時から3か月以内に、相続について、単純若しくは限
　　　　　　定の承認又は放棄をしなければならない（熟慮期間　915条1
　　　　　　項）が、相続の承認及び放棄は、この熟慮期間内でも、撤回す
　　　　　　ることができない（919条1項）。

ウ　適　切。相続人が数人あるときは、限定承認は、共同相続人の全員が共
　　　　　　同してのみこれをすることができる（923条）。

エ　適　切。相続人は、限定承認をしようとするときは、熟慮期間内に、相続
　　　　　　財産の目録を作成して家庭裁判所に提出し、限定承認をする旨を
　　　　　　申述しなければならない（924条）。

正解　イ

問題 95. 相続の承認及び放棄に関する以下のアからエまでの記述のうち、最も<u>適切な</u>ものを１つ選びなさい。

ア．相続の承認又は放棄がなされない間は、相続人は、善良なる管理者の注意をもって、相続財産を管理しなければならない。

イ．相続の承認又は放棄をした者は、自己のために相続の開始があったことを知った時から３か月以内であれば撤回することができる。

ウ．相続人が数人あるときであっても、限定承認は、各共同相続人が個別にすることができる。

エ．相続の放棄をしようとする者は、その旨を家庭裁判所に申述しなければならず、相続放棄がなされると、その相続に関しては、初めから相続人とならなかったものとみなされる。

解説　　相続の承認及び放棄

ア　不適切。相続の承認又は放棄がなされない間は、相続人は、その固有財
　　　　　　産におけるのと同一の注意をもって、相続財産を管理しなけれ
　　　　　　ばならない（918条1項）。

イ　不適切。相続人は、原則として、自己のために相続の開始があったこと
　　　　　　を知った時から3か月以内に、相続について、単純若しくは限
　　　　　　定の承認又は放棄をしなければならない（熟慮期間　915条1
　　　　　　項）が、相続の承認及び放棄は、この熟慮期間内でも、撤回す
　　　　　　ることができない（919条1項）。

ウ　不適切。相続人が数人あるときは、限定承認は、共同相続人の全員が共
　　　　　　同してのみこれをすることができる（923条）。

エ　適　切。相続の放棄をしようとする者は、その旨を家庭裁判所に申述し
　　　　　　なければならない（938条）。また、相続の放棄をした者は、その
　　　　　　相続に関しては、初めから相続人とならなかったものとみなされ
　　　　　　る（939条）。

正解　エ

問題 96. 遺言の方式に関する次の表中の（　　）に入る<u>適切な語句</u>の組合せを、以下のアからエまでのうち１つ選びなさい。

| | 自筆証書遺言 | 公正証書遺言 | 秘密証書遺言 |
|---|---|---|---|
| 作成方法 | 本人が本文の全文・日付・氏名を書き、押印 | （　a　） | 本人が遺言書に署名・押印後、公証人役場で手続 |
| 保存場所 | 自由（法務局による保管も可） | 公証人役場 | （　b　） |
| 証人 | （　c　） | 証人２人以上 | 証人２人以上 |
| 家庭裁判所の検認 | 必要（法務局保管の場合は不要） | 不要 | 必要 |

ア．a．本人が口授し、公証人が筆記　　b．自由　　　　　c．不要

イ．a．本人が口授し、公証人が筆記　　b．公証人役場　　c．必要

ウ．a．本人が書き、公証人が検認　　　b．公証人役場　　c．不要

エ．a．本人が書き、公証人が検認　　　b．自由　　　　　c．必要

解説　　遺言方式

| | 自筆証書遺言 | 公正証書遺言 | 秘密証書遺言 |
|---|---|---|---|
| 作成方法 | 本人が本文の全文・日付・氏名を書き、押印 | （a．本人が口授し、公証人が筆記） | 本人が遺言書に署名・押印後、公証人役場で手続 |
| 保存場所 | 自由（法務局による保管も可） | 公証人役場 | （b．自由） |
| 証人 | （c．不要） | 証人2人以上 | 証人2人以上 |
| 家庭裁判所の検認 | 必要（法務局保管の場合は不要） | 不要 | 必要 |

根拠条文：

自筆証書遺言（968条）、公正証書遺言（969条）、秘密証書遺言（970条）、遺言書の検認（1004条）

正解　ア

問題 97. 遺言に関する以下のアからオまでの記述のうち、最も<u>適切ではない</u>ものを1つ選びなさい。

ア. 15 歳に達した者は、遺言をすることができる。

イ. 遺言は、2人以上の者が同一の証書ですることができない。

ウ. 成年被後見人が事理を弁識する能力を一時回復した場合には、医師の立会いなく、遺言をすることができる。

エ. 遺言書の保管者は、相続の開始を知った後、遅滞なく、これを家庭裁判所に提出して、その検認を請求しなければならない。

オ. 前の遺言が後の遺言と抵触する場合、その抵触する部分については、後の遺言で前の遺言を撤回したものとみなされる。

解説　　遺言

ア　適　切。15 歳に達した者は、遺言をすることができる（961 条）。

イ　適　切。遺言は、2 人以上の者が同一の証書ですることができない（975
　　　　　　条）。

ウ　不適切。成年被後見人が事理を弁識する能力を一時回復した時において
　　　　　　遺言をするには、医師 2 人以上の立会いがなければならない
　　　　　　（973 条 1 項）。

エ　適　切。遺言書の保管者は、相続の開始を知った後、遅滞なく、これを
　　　　　　家庭裁判所に提出して、その検認を請求しなければならない。
　　　　　　遺言書の保管者がない場合において、相続人が遺言書を発見し
　　　　　　た後も、同様とする（1004 条 1 項）。

オ　適　切。前の遺言が後の遺言と抵触する場合、その抵触する部分につい
　　　　　　ては、後の遺言で前の遺言を撤回したものとみなされる（1023
　　　　　　条 1 項）。

正解　ウ

問題 98. 配偶者居住権に関する以下のアからエまでの記述のうち、最も<u>適切</u>
<u>ではない</u>ものを1つ選びなさい。

ア．配偶者は、遺産の分割によって配偶者居住権を取得するものとされ
たとき、又は配偶者居住権が遺贈の目的とされたときに、配偶者居
住権を取得する。

イ．配偶者居住権を取得した配偶者は、居住建物について配偶者居住権
の設定の登記をすることによって、第三者に対抗することができ、
居住建物の所有者は、配偶者居住権を取得した配偶者に対して、配
偶者居住権の設定の登記を備えさせる義務を負う。

ウ．配偶者は、居住建物の所有者の承諾を得なければ、居住建物の改築
若しくは増築をし、又は第三者に居住建物の使用若しくは収益をさ
せることができない。

エ．配偶者居住権を取得した配偶者が居住建物について共有持分を有
する場合において、配偶者居住権が消滅したときは、居住建物の所
有者は、居住建物の返還を求めることができる。

**解説**　配偶者居住権

ア　適　切。配偶者は、遺産の分割によって配偶者居住権を取得するものと
　　　　　　されたとき、又は配偶者居住権が遺贈の目的とされたときに、
　　　　　　配偶者居住権を取得する（1028 条 1 項 1・2 号）。従って、配
　　　　　　偶者居住権は、遺贈の目的とすることができる。

イ　適　切。配偶者居住権を取得した配偶者は、居住建物について配偶者居
　　　　　　住権の設定の登記をすることによって、第三者に対抗すること
　　　　　　ができる（1031 条 2 項、605 条）。また、居住建物の所有者は、
　　　　　　配偶者居住権を取得した配偶者に対して、配偶者居住権の設定
　　　　　　の登記を備えさせる義務を負う（1031 条 1 項）。

ウ　適　切。配偶者は、居住建物の所有者の承諾を得なければ、居住建物の
　　　　　　改築若しくは増築をし、又は第三者に居住建物の使用若しくは
　　　　　　収益をさせることができない（1032 条 3 項）。

エ　不適切。配偶者は、配偶者居住権が消滅したときは、居住建物の返還を
　　　　　　しなければならない。ただし、配偶者が居住建物について共有
　　　　　　持分を有する場合は、居住建物の所有者は、配偶者居住権が消
　　　　　　滅したことを理由としては、居住建物の返還を求めることがで
　　　　　　きない（1035 条 1 項）。

正解　エ

問題 99. 遺留分に関する以下のアからエまでの記述のうち、最も適切なものを１つ選びなさい。

ア．遺留分を算定するための財産の価額は、被相続人が相続開始の時において有した財産の価額である。

イ．遺留分権利者は、相続開始前であっても、遺留分を放棄することができる。

ウ．遺留分権利者になれるのは、配偶者、子、直系尊属、兄弟姉妹である。

エ．共同相続人の一人が遺留分を放棄した場合、他の各共同相続人の遺留分が増加する。

解説　　遺留分

ア　不適切。遺留分を算定するための財産の価額は、被相続人が相続開始の時において有した財産の価額にその贈与した財産の価額を加えた額から債務の全額を控除した額である（1043 条 1 項）。

イ　適　切。家庭裁判所の許可を受けたときは、相続の開始前に、遺留分を放棄することができる（1049 条 1 項）。

ウ　不適切。兄弟姉妹は、遺留分権利者になることができない（1042 条 1 項柱書）。

エ　不適切。共同相続人の一人のした遺留分の放棄は、他の各共同相続人の遺留分に影響を及ぼさない（1049 条 2 項）。

正解　イ

問題 100.　特別の寄与に関する以下のアからエまでの記述のうち、最も<u>適切</u>
　　　　　　　　<u>ではない</u>ものを１つ選びなさい。

　　ア．特別寄与料を請求できるのは、相続人以外の親族であり、そのうち
　　　　相続放棄した者、相続欠格者、廃除により相続権を失った者は対象
　　　　外となる。

　　イ．特別寄与料を請求するためには、被相続人に対して、「療養看護ま
　　　　たは金銭を提供」したことが必要となる。

　　ウ．特別寄与料の支払について、当事者間に協議が整わないときや協
　　　　議ができないときは、特別寄与者は、家庭裁判所に協議に代わる処
　　　　分を請求することができる。

　　エ．特別寄与者が家庭裁判所に対して協議に代わる処分を請求する場合
　　　　は、相続の開始及び相続人を知った時から６か月以内、かつは相続
　　　　開始の時から１年以内にしなければならない。

解説　　特別寄与

ア　適　切。特別寄与料を請求できるのは、相続人以外の親族で、相続放棄
　　　　　した者、相続欠格者、廃除により相続権を失った者は対象外と
　　　　　なる（1050条1項カッコ書）。

イ　不適切。特別寄与料を請求するためには、被相続人に対して、「療養看護
　　　　　その他の労務を提供」したことが必要となる。寄与行為の種類
　　　　　は療養看護などの「労務の提供」とされていて、被相続人に対
　　　　　する財産給付は除かれている。したがって、相続人の寄与分の
　　　　　ような財産出資型（不動産購入資金の援助のように被相続人に
　　　　　財産上の利益を与えるものなど）の貢献をした者は、特別寄与
　　　　　者にはあたらない（1050条1項）。

ウ　適　切。特別寄与料の支払について、当事者間に協議が整わないときや
　　　　　協議ができないときは、特別寄与者は、家庭裁判所に協議に代
　　　　　わる処分を請求することができる（1050条2項）。

エ　適　切。特別寄与者が家庭裁判所に対して協議に代わる処分を請求する
　　　　　場合は、相続の開始及び相続人を知った時から6か月以内、か
　　　　　つは相続開始の時から1年以内にしなければならない（1050条
　　　　　2項但書）。

正解　イ

## 民法法務士認定試験 公式精選問題集

2024 年 2 月 26 日　初版第 1 刷発行

編　者　一般財団法人 全日本情報学習振興協会

発行者　牧野 常夫

発行所　一般財団法人 全日本情報学習振興協会
　　　　〒101-0061　東京都千代田区神田三崎町 3-7-12
　　　　　　　　　　清話会ビル 5F
　　　　　　　　　　TEL：03-5276-6665

販売元　株式会社 マイナビ出版
　　　　〒101-0003　東京都千代田区一ツ橋 2-6-3
　　　　　　　　　　一ツ橋ビル 2F
　　　　TEL：0480-38-6872（注文専用ダイヤル）
　　　　　　03-3556-2731（販売部）
　　　　URL：http：//book.mynavi.jp

印刷・製本　日本ハイコム株式会社